KB264186

生생 공부비법

이은승 지음

가림출판사

Dear Reader

Eun-Seung, in the two years that I have known him as a student in the United States, matured into an excellent student. He accomplished excellence through hard work and reflecting on what could make him better as a student. Through his search to make himself more efficient and better academically, Eun-Seung developed a personalized learning strategy.

This book will assist you successfully start your next level of study. Eun-Seung shares with you some of his learning strategies and some important advice on how you may develop your own learning strategies to attain your academic goals. His learning strategies include some well defined procedures which will help you get a fast start to academic success.

Follow his advice. He outlines a learning path that will be successful for you too. Profit from his experiences and you too will find success in your academic life.

Sincerely,

Alan E. Yabui, Ed.D.
Chair, Speech Department

독자들께

저는 지난 2년 동안 미국에서 우수한 학생으로 자라난 이은승을 보아왔습니다. 그는 더 나은 학생이 되기 위해 어려운 학업 속에서도 학업 성취를 이루었습니다. 공부하는 데 있어 더 낫고 더 효율적인 방법을 찾는 노력으로 이은승은 개인적인 공부 학습법을 계발하였습니다.

이 책은 여러분이 공부를 위한 다음 단계로 성공적으로 나아가는 데 도움을 줄 것입니다. 이은승은 자신의 공부 학습법을 여러분과 함께 공유하며 여러분이 이루고자 하는 학업 목표에 어떻게 접근할 수 있는지 중요한 조언을 해줄 것입니다. 그의 공부 학습법은 여러분의 학업 성취를 빨리 달성할 수 있도록 도움을 주는 좋은 과정을 담고 있습니다.

여러분은 그의 조언을 따르도록 하십시오. 그는 여러분이 이루고자 하는 공부 목표를 이룰 수 있도록 방향을 제시해 줄 것입니다. 그의 경험이 담긴 공부 학습법을 통하여 여러분도 학업 목표를 성취하도록 하십시오.

Alan E. Yabui, Ed.D.
Chair, Speech Department

공부도 게임이다

　나는 '사당오락(四當五落)'이라는 말을 싫어한다. 마치 공부를 잘하는 것이 공부하는 시간에 비례하는 것인 양 나타내기 때문이다. 내가 이 고사성어를 믿고 고등학교 학창시절 하루에 잠을 두세 시간씩 자면서 공부를 했다. 밤마다 이 말을 떠올리며 밤늦게까지 열심히 공부하는 내 자신이 자랑스러웠고 당연히 좋은 결과가 나올 것이라 기대했었다. 하지만 이러한 나의 노력은 기대와는 달리 떨어지는 성적과 육체적·정신적 고통을 가져왔고 대학 입시에서 거듭된 실패는 재수, 삼수 생활을 하게 만들었다. 대학에 떨어진 사실을 전화로 확인한 그 날 밤, 쓴 눈물을 삼키며 내가 실패한 원인을 곰곰이 분석하게 되었다. 그리고 무턱대고 시간만 투자하며 공부했던 내 공부 방법에 이상이 있음을 발견하게 되었다.

　컴퓨터를 이용해본 사람이라면 스타 크래프트(Star Craft)란 게임을 잘 알 것이다. 스타 크래프트가 인기가 많았던 이유는 기존에 나왔던 다른 어떤 게임과는 차원이 다른 전략 시뮬레이션 게임이었기 때문에 많은 사람들의 흥미를 불러일으킬 수 있었다. 즉 이론과 훈련, 전략과 기술을 통해 게임을 해서 적들을 물리치고 승리하는 기쁨을 맛볼 수 있었기 때문이다. 이 게임을 해본 사람이라면 처음부터 게임에서 승리를 하고 전략과 기술을 익히는 것이 쉽지 않다는 것을 알 것이다. 게임을 어떻게 하는지 정확히 알고 훈련을 통해 자신의 전략과 기술을 계발함으로써 진정한 고수가 될 수 있다. 스타크래프트 게임에서 고수가 되는 길은 결코 쉽지 않다. 그렇다고 게임을 오래 많이 한다고 해서 고수가 되는 것은 절대 아니다. 게임에 대한 분석과 치밀한 전략과 기술을 통해 실력을 쌓을 때 비로소 어떤 적이든 이길 수 있는 절대 고수가 될 수 있다.

공부라는 것도 마찬가지이다. 공부를 잘하는 고수가 되기 위해서는 공부에 대한 분석 그리고 좋은 공부 전략과 기술이 필요하다.

나는 고등학교 시절, 공부하는 방법을 잘 모르는 상태에서 열심히 했지만 성적은 떨어지고 많은 실패를 겪어야 했다. 재수와 삼수 생활을 하는 동안 시중에서 판매되는 공부 학습법에 관련된 서적을 모조리 사다가 읽어보고 많은 방법을 따라 해보았지만 뜬구름 잡기 식의 공부 방법이 많았다. 공부라는 게임에 대해 나 같은 초보자들에게 분석하고 전략과 기술을 가르쳐 주는 책이 없었다.

그래서 나같이 공부 못 하는 초보자의 입장에서 이해하지 못하고, 따라 하기 힘든 부분이 많았기에 어떻게 하면 공부를 잘할 수 있을까를 생각해 보게 되었다. 그러다가 짧은 시간 동안 많은 효과를 내는 경제적이고 효율적인 방법을 생각하여 개발하게 되었다. 한국에서 힘들었던 고등학교, 재수, 삼수 생활을 하면서 나름대로의 시행착오를 통해 미국에 올 즈음 공부 방법을 확립하게 되었다. 그리고 지난 만 2년 동안 미국에서 공부하면서 나의 공부 방법을 적용시켜보고 실험해 본 결과 효과가 있음을 확신하게 되었다. 짧은 시간 동안 하나부터 열까지 모든 것들을 영어로 공부하고 영어로 생활해야 하는 악조건 속에서도 이런 나의 공부 방법을 토대로 많은 좋은 결과를 얻을 수 있었다.

매학기를 학교에서 최대한 수강할 수 있는 18학점을 들으면서 학교에서 Math T.A.(Technical Assistant)와 수학 과외 활동하는 바쁜 생활을 했다. 나에게 주어진 공부 시간은 하루에 3시간이 전부. 하지만 공부해야 될 5과목에 대한 숙제, 시험, 프리젠테이션, 리포트 등을 영어로 해야만 했었다. 이처럼 어려운 환경 속에서도 내 자신의 공부 학습법으로 공부한 결과 많은 우수한 성적을 거둘 수 있었다.

학교에서 2년 동안 Dean's & President's Honored Student로 선정되었

고 Phi Theta Kappa International Honored Student로 선정될 수 있었다. 그리고 마침내 America National Dean's Honored Student으로 뽑힐 수 있게 되었다. 이런 나의 공부 학습법은 특히 수학에서 발휘되어 학교에서 일 년에 한 명의 학생에게 주는 수학 최고상인 LEBON PRIZE를 받게 되었다. 수학뿐만 아니라 거의 모든 과목에서 우수한 성적으로 미국 학생들도 받기 힘든 A를 받게 되었고 가르치는 교수들에게 인정을 받았다. 그래서 대학으로 편입할 때 무려 7명이나 되는 교수들로부터 대학 입학 추천서를 받을 수 있게 되었다.

지난 만 2년 동안 나의 공부 학습법에 기초한 노력의 결실로 University of Washington, Seattle, Computer Science와 University of California, Irvine, Computer Engineering에 3학년으로 동시 합격하게 되었다. 이런 와중에 미국에서 100% 영어로 수학을 가르치는 Math T.A.와 수학 과외 활동이 한국에 있는 기자에게 알려지게 되었고 한국에서 신문 기사(수학 과외 수출, 미국서도 잘 나가요)로 실릴 수 있게 되었다.

그리고 이 신문 기사를 본 출판사로부터 책을 써보라는 제의를 받게 되었다.

　내가 확립한 공부 방법이 한국에서 오늘도 학교와 독서실에서 시간을 허비할 수험생들과 후배들에게 많은 도움이 될 것이라 믿는다. 어떻게 공부해야 할지 몰라 무조건 책만 붙잡고 씨름하고 있는 학생들에게 나의 공부 방법이 훌륭한 길잡이가 되길 간절히 바라며, 지금부터 공부 비법의 전략과 기술을 여러분에게 전수해 주고자 한다.

2003년 7월

이 은 승

Contents

Contents

1 나의 학창 시절

1

My
school
days

초등_{학교}

초등학교 때까지는 그야말로 공부라는 것과는 담을 쌓고 살았었다. 놀기 좋아하고 싸우기 좋아하는 그런 평범한 아이에 지나지 않았다. 그러던 초등학교 6학년 어느 날 작은 누나가 백혈병이라는 불치의 병으로 세상을 떠나게 되었다. 그러한 누나의 죽음은 내 스스로가 바뀌어야 된다고 자각(自覺)하게 만들었다. 그래서 누나의 죽음으로 힘들어 하시는 부모님을 위해 공부를 잘해야겠다는 생각을 가지게 되었고 열심히 공부하기 시작했다.

초등학교 때 공부 못 한 사람이 없겠지만 난 정말 열심히 공부했다. 부모님을 기쁘게 해드려야 된다는 일념하에 다른 아이들과는 다른 생활을 하기 시작했다. 매일 학교 갔다 와서 숙제는 기본으로 해놓고 친구들이 같이 놀자고 해도 애써 외면하며 공부만 했었다. 그리고 드디어 6학년 1학기가 끝나고 2학기가 되자 공부한 결과는 조금씩 나타나게 되었다. 초등학교 시절 내내 한 번도 맞지 못한 all 100이란 점수도 맞고 그 후로 거의 반에서 1등을 하게 되었다. 이런 나의 노력과 결과는 힘들어 하시는 부모님께 조금이나마 웃음을 찾을 수 있게 해주었다.

중학교

이런 나의 노력은 중학교로 이어지게 되었다. 중학교에 올라간 나는 조금 더 열심히 해야 한다는 생각으로 잠자는 시간을 줄였다. 학년이 높아짐에 따라 많은 교과서와 내용적으로 더 어려운 공부를 해야 했기 때문이다. 중학교에 올라가서도 열심히 공부하였고 이런 노력의 결과는 반에서 1등을 계속 유지할 수 있게 해주었다. 또한 영재(英才) 교실과 서울 대원 외고에 시험을 볼 수 있는 자격도 얻게 되었다.

영재 교실이라는 특수 학교에 시험을 볼 때만 해도, 반에서 1등을 계속 하던 나였기에 당연히 합격할 수 있을 거라 자만하고 있었다. 그래서 별다른 준비 없이 시험을 본 결과 보기 좋게 떨어졌다. 어린 마음에 상처를 받게 되었고 잘해왔던 나에게는 영재 교실의 탈락은 적지 않은 충격이었다.

비록 영재 교실에는 들어가지 못했지만 나름대로 열심히 공부를 했고 반에서, 전교에서 항상 좋은 성적을 유지할 수 있었다. 그렇게 해서 중학교 3

학년 때 다시 한 번 대원 외고라는 특수 학교로 지원할 수 있게 되었다. 중학교 1학년 때 영재 교실에 떨어진 경험이 있었기에 나름대로 대원 외고 시험을 준비했다. 그리고 어느 정도 준비와 함께 자신감을 가지고 시험을 보게 되었지만 결국 또 떨어지는 실패를 맛봐야 했다.

그때부터 내강외약(內强外弱)이라고나 할까 대내 시험에는 강하고 대외 시험어는 약한 콤플렉스를 갖게 되었다. 그리고 두 번의 시험 실패는 대외 시험에 대한 불안감을 가져다 준 동시에 내가 얼마나 우물 안의 개구리같이 공부를 해왔었는지 깨닫게 해주었다. 하지만 그때는 어떻게 공부를 해야 하는지에 대한 방법을 알지 못한 채 일반 고등학교로 진학하게 되었다.

고등학교, 재수 그리고 삼수

 고등학교 생활의 어려움은 학교 입학 첫 날부터 시작되었다. 한 학생과 잘못된 만남으로 싸울 뻔 했고 결국 같은 반까지 되어 학교 생활에 어려움을 겪어야 했다.

고등학교에 올라간 나는 더욱 열심히 공부하기 위해 노력했지만 그런 나의 모습은 그 녀석의 맘에 들지 않았던 모양이다. 그리고 열심히 공부해야 한다는 욕심은 더욱 잠을 줄이게 만들었으며 이는 정신적 · 육체적으로 많은 고통을 가져왔다. 나는 공부라는 것 때문에 나름대로 고통스러워 했고 이런 공부하는 모습들은 같은 교실의 친구들한테 눈 밖에 나기 시작했다. 결국 이런 점들 때문에 친구들에게 왕따라는 것을 당해야 했고 수업 시간에 졸다가 선생님들께 걸려 입학 첫날부터 매를 맞아야 했다.

'사당오락(四堂五落)' 이란 말을 굳게 믿은 나로서는 더욱 열심히 공부하기 위해 하루에 잠을 두세 시간 자며 고등학교 1년이라는 시간을 거의 독학으로 공부하게 되었다. 처음에는 잠을 못 자서 조금 피곤하다는 생각뿐이었는데, 결국 몽유병 환자처럼 되어 버렸다. 이렇게 학교에 가서 수업을 듣다 보니 배운 것 같지만 기억에 남는 것은 하나도 없고 집에 오고 나서야 제정신으로 돌아오게 되었다. 제정신으로 돌아오고 나서 내 자신에 대해 후회하게 되면서 배우지 못했던 것들을 복습하고 다시 두세 시간 잠자는 어리석은 짓을 반복했다.

　그래도 처음 몇 주일 동안은 이렇게 생활하며 남들보다 공부를 많이 했다는 만족감을 가질 수 있었다. 학교에 가서 졸게 되더라도 밤늦게까지 열심히 공부했다는 보상 심리 때문에 내 자신이 잘못 되어 가고 있음을 결코 깨닫지 못했다. 자신의 합리화에 빠져 스스로 무덤을 파고 있었던 것이다. 당시 정말 내가 생각 있는 학생이었다면 자신의 잘못된 행동을 알고 바로잡으려 했을 것이다. 하지만 '공부를 더 많이 더 열심히 해야겠다'는 욕심은 결국 내 자신을 불행하게 만들었다.

　늘어만 가는 공부량과 높아진 난이도에 따라 수업 시간에 이해하기가 점점 더 어려워졌기 때문에 잠을 두세 시간만 자고도 무리였다. 다 못 해가는 숙제와 공부 때문에 집에 와서 두세 시간 자고 학교를 가는 생활이 계속 되었다. 이는 결국 학교에 가서 온종일 자울자울하는 자울이 이은승으로 만들어 버렸다. 그러니 수업 시간에 무슨 이해가 되고 공부가 되었겠는가!! 집에서는 열심히 공부하는 막둥이, 학교에서는 하루 종일 자울자울하는 미친 범생이 되었다.

　집에서 밤늦게까지 열심히 공부하는 모습을 보신 부모님께서는 내가 반드시 서울대에 들어갈 것이라 믿고 계셨을 것이다. 하지만 그러는 사이 학년이 올라감에 따라 학교 생활도 점점 힘들어졌고 추풍낙엽(秋風落葉)처럼 떨어지는 성적은 서울대가 웬 말이요, 지방대도 힘들고 심지어는 전문대도 들어가지 못할 것이라는 의구심마저 들 정도였다.

고등학교 1학년 때는 잠을 두세 시간 자고도 나름대로 만족스러운 결과를 얻을 수 있었다. 당시 학교에서 상위 3% 이내에 드는 내신 2등급을 받았기 때문이다. 불행히 이러한 결과는 잠을 더 줄이면 되지 않을까라는 어리석은 생각을 하게 만들었다. 내신은 괜찮았지만 이는 학교 성적에만 관련이 될 뿐 수능하고는 오히려 반대 결과가 나왔다. 다시 내강외약의 콤플렉스가 나타나기 시작하였다. 학교 성적은 전교 20등 이내, 수능 시험은 전교 200등 밖으로 밀려나는 극과 극의 성적이 나왔다.

당시만 해도 수능의 최대약점을 내신으로 극복했던 나였지만 이는 나를 더욱 힘들게 만들었다. 즉 왕따의 조건이 하나 더 늘어나게 된 것이다. 친구들로부터 "저 녀석은 외우는 것만 잘하지 그 외엔 잘하는 게 없어."라는 놀림을 당해야 했고 별명까지 '학력고사' 라고 불렸다.

이런 내강외약이라는 성적의 결과는 학교 선생님들에게도 학교 시험을 볼 때 내가 컨닝 하지 않나 하는 의심을 받게 만들었다. 그래서 시험을 보는 동안 교탁 옆 선생님 밑에서 자주 시험을 봐야 했다. 이런 선생님들의 불신과 친구들의 왕따는 날 힘들게 만들었고 수능 점수도 갈수록 떨어지게 되자 학교 가는 것이 싫어졌다. 학교 생활도 힘들고 싫었지만 수능에 대해서는 노이

로제를 넘어서 거부감까지 느끼게 되었다.

결국 이러한 상황은 내 자신을 자살(自殺)로 이끌었다.

어느 날, 학교에서 수능 모의 고사를 보고 가채점을 해보니 역시 점수는 전보다 더 떨어졌다. 이런 낮은 수능 점수와 함께 새벽 두 시까지 해도 끝내지 못한 숙제 때문에 괴로워하며 고민하다가 울게 되었다. 이러한 울음은 결국 아파트 옥상이란 곳으로 날 몰고 갔다. 아파트 옥상까지 천천히 올라가며 엄청나게 많은 생각을 했지만 결국 답은 나오지 않았다. 떨어져 죽기 위해 아파트 꼭대기 유리창에 걸터 앉았다. '무섭다'는 생각보다는 '이런 행동을 하는 내 자신이 싫다'는 원망이 앞섰다. 그때야 비로소 왜 서울대에 떨어지거나 성적 비관 등으로 고민하는 학생들이 자살이라는 극단적인 행동을 하는지 이해할 수 있게 되었다.

그것은 이상과 현실 사이에서 오는 괴리감 때문이었다.

나를 비롯한 많은 학생들이 가지고 있는 이상은 높지만 현실에서는 그 이상을 쫓아가지 못하기 때문이다. 계속해서 이상과 현실에서 오는 괴리감의 차이를 줄이지 못하고 자신을 원망하고 질책하게 된다. 이는 정신적으로 방황하는 사춘기 학생들에게 결국 자살이란 죽음으로 이끄는 것이다. 이런 생각이 들고 나니 자살을 하는 것보다 나의 이상을 현실에 맞추는 것이 더 현명하다는 생각이 들었다.

이런 생각을 하고 나서 걸터 앉은 유리창에서 벗어나려고 하는 순간, 20층이나 되는 아파트 옥상에서 하마터면 떨어져 죽을 뻔했다. 다행히 몸을 빨리 돌려 위험에서 벗어날 수 있었지만 떨어질 뻔한 아찔함은 지금도 잊을 수 없다. 죽으려고 올라갔다가 죽을 뻔하자 '이제는 살아야겠다' 는 마음가짐이 이런 난관을 극복해 보자고 내 자신에게 용기를 주었다.

어느덧 시간은 흘러 고3이 되었다. 고3이 되고 나서 2년 동안 하지 못했던 공부를 하려 했지만 무척 힘이 들었다. 점점 더 고3 생활은 힘이 들었고 쏟아지는 참고서와 문제집이라는 홍수 속에서 도무지 헤어나올 방법이 없었다. 이런 현실을 받아들이기 싫었지만 결국 고등학교 3학년 때 재수를 하기로 마음먹게 되었다. 이런 생각을 가지고 드디어 98학년도 대학 수학 능력 평가를 치르게 되었다. 결과는 예상했던 것보다 더욱 비참하게 나왔다. 400점 만점에 200점을 겨우 넘긴 점수였다. 아무리 재수를 하기로 마음먹었지만 내 자신이 원망스럽고 부모님께 너무나도 죄송했다.

그 날 저녁, 많은 도움을 주신 박권배 수학 선생님을 찾아 뵈었다. 선생님을 만나 앞으로 어떻게 할 것인가 두어 시간 대화를 나눈 후 30여 분 떨어진 집까지 걸어갔다. 깜깜한 밤, 눈을 맞으며 집까지 걸어가는 동안 내 자신이 원망스럽고 까닭 모를 서러움이 북받쳐 올라 소리 없이 울었다. 이렇게 울면서 한참을 걷다가 어느덧 집 근처에 다다르게 되었다.

집 근처에 이르자 문을 닫으려는 미용실이 눈에 띄었다. 시간은 밤 11시. 순간 난 미용실로 달려가 무턱대고 아줌마한테 머리를 빡빡 깎아달라고 부탁했다. 아줌마는 나 때문에 30분 늦게 미용실 문을 닫아야 했지만 내 눈에 글썽이는 눈물을 보고 사연이 있을 것이라 생각하셨는지 머리를 깎아주겠다

나의 학창 시절

고 했다. 의자에 앉아 머리를 깎기 시작하면서 난 살며시 눈을 감았다. 밤 11시가 넘어 조용해서 일까? 아줌마가 내 머리카락을 자르는 소리만 들렸다. 그 소리가 들리자 눈물이 나오려고 했다. 마지막으로 기계 소리가 멈춰 눈을 떴을 때 한 번도 보지 못한 '머리를 빡빡 깎은 이은승'이 거울 앞에 비춰지고 있었다. 내가 황급히 "고맙습니다."라는 짤막한 말과 함께 "얼마에요?"하고 묻자 아줌마는 그냥 가라고 하셨다.

머리를 빡빡 깎고 집에 들어가니 자정이 다 되고 있었다. 조용히 문을 열고 들어가 샤워를 하고 침대에 누웠다. 그리고 빡빡 깎은 내 머리를 만져보니 내 자신이 서럽고 불쌍하다는 생각에 다시금 눈물이 나왔다. 하지만 그때 마지막으로 소리 없이 울며 결심을 했다. 이제는 아무리 어렵고 힘든 일이 있더라도 절대 울지 않으리라.

다음 날부터 매일같이 학교에 가서 출석 체크만 하고 도서관으로 직행했다. 다른 친구들이 수능 시험 끝나고 대학 선택 한다고 들떠 있을 때, 나는 '어떤 학원이 좋을까' 라는 고민을 했다. 학원이 선택되자 학원에 가서 영어, 수학 단과반을 수강 신청했다. 머리를 빡빡 깎고 학원 단과반과 도서관에 다니면서 창피했지만 내 자신에 대한 결과라고 생각하고 겸허히 받아들였다. 이렇게 공부를 하면서 나름대로 수능이란 시험과 나의 공부 방법에 대해 분석하기 시작했다.

이렇게 분석하고 공부하면서 1년 동안 재수 생활을 하게 되었고 부족했던 과목을 어느 정도 보완할 수 있었다. 하지만 고등학교 시절 많은 걸 놓친 나로서는 따라가기가 쉽지 않았다. 또한 수능이라는 시험에 대해 공부를 뒤늦게 시작했기 때문에 기대 이상의 효과는 1년 만에 나타나지 않았다. 결국 가고자 하는 대학에는 떨어졌고 아쉬운 마음에 좀더 잘할 수 있을 거라는 생각을 가지고 삼수의 길을 택하게 되었다.

하지만 삼수의 길도 생각만큼 쉽지 않았다.

삼수를 하면서 힘은 들었지만 내 자신을 채찍질하고 학원을 다니며 열심히 공부했다. 그리고 마지막 남은 100일 동안은 후회 없는 공부를 하기 위해 고시원에 들어갔다. 그때부터는 배운 내용을 매일같이 복습하고 마지막 날인 대학 수학 능력 평가 시험을 위해 나의 모든 것을 바쳐 공부를 했다. 100일 동안 고시원 생활을 하면서 자신과의 싸움에서 이겨야 했고 마지막 하루를 위해 매일 군대 같은 규칙적인 생활을 해야만 했다.

나의 모든 시간과 일정은 마지막 수능 하루에 맞춰져 계획이 세워지고 생활이 이루어졌다. 그리고 100일 동안 수능 모의 고사 80회라는 막대한 분량의 모의 고사를 매일 실전 수능이라는 마음가짐으로 풀었다. 하루하루 모의 고사를 보면서 실전 수능 시험과 마찬가지로 오후까지 정해진 시간에 시험지를 다 풀고 난 후 모의 고사를 채점했다. 그런 다음 틀린 문제에 대해 분석하고 부족한 부분에 대해 보완하는 반복적인 생활을 했다.

이런 생활과 공부를 한 결과 마지막 수능 모의 고사에서는 383점이란 높은 점수가 나오게 되었다. 모든 전 영역을 거의 다 맞고 오직 수능 언어 영역에서만 120점 만점에 107점, 나머지 세 과목에서 4점만 깎였다. 이렇게 100일 동안의 지루한 반복적인 생활을 끝내고 드디어 2000년도 대학 수학 능력 평가 시험을 보게 되었다. 수능에 대한 부담감은 있었지만 컨디션도 최상이었고 열심히 했기에 결과와 상관없이 후회하지 말자고 생각했다.

수능 고사 시험장에 도착하고 드디어 첫 번째 언어 영역 시험을 봤다.
제일 약한 영역이었기 때문에 다른 어떤 과목보다 많은 시간을 투자하며 공부했지만 역시 심적 부담감은 줄일 수가 없었다. 시험은 조금 어려웠던 것 같다. 시험이 끝나고 다음 시간을 준비하며 수리 탐구 I 영역 문제를 풀게 되었다. 수학은 어느 정도 자신이 있었던 터라 아는 문제를 중심으로 빠르게 풀어 나가기 시작했다. 풀고 나서 시계를 보니 40분 만에 한 문제를 제외한 모든 문제를 풀어냈다.

점심을 먹고 세 번째 시간에 수리 탐구 II 영역 시험을 봤다. 역시 빠른 속도로 별 문제 없이 풀어 나갈 수 있었다. 마지막 외국어 영역. 가장 자신 있는 영역이었고 마지막 시험이라는 생각에 온힘을 다해 시험을 봤다. 이 때문인지 수학보다 10분이 더 빠른 30분 만에 모든 문제를 풀 수 있었다. 시험을 보고 나서 기분은 좋았다. 결과를 떠나 수능이라는 시험을 위해 어느 누구에게도 자신 있게 "최선을 다해 열심히 공부했다."라고 대답할 수 있었기 때문이다.
다음날 신문에 나온 대학 수능 시험을 보고 가채점했다.

일부러 언어 영역을 제외한 과목부터 가채점을 했다. 결과는 만족스러웠다. 수리 탐구 I 을 비롯한 수리 탐구 II, 외국어 영역에서 좋은 결과를 얻었다. 이제 남은 것은 언어 영역. 솔직한 마음은 채점을 하고 싶지 않았다. 제일 약한 언어 영역에 대한 불안감 때문에 오히려 한 달 후에나 발표될 결과를 기다리고 싶었다. 그러나 점수가 궁금했기 때문에 가채점을 시작했다. 신문에는 언어 영역이 작년보다 더 어렵게 나왔다고 발표되었다. 난 이와 상관없이 점수가 잘 나올 거라는 기대를 가지고 채점을 했지만 결과는 작년보다 더 떨어졌다.

최선을 다해 열심히 공부했기 때문에 결과는 상관하지 않기로 스스로 위로했지만 언어 영역 때문에 다른 과목들에서 올려놓은 점수들이 물거품이 되어 버렸다. 한 달 후 예상했던 결과는 똑같이 나왔고 내 의지와 상관없이 점수에 맞춰 대학을 정하기로 했다. 한 번 치러진 시험 점수만을 가지고 사람을 평가하고 대학을 정하고 학과를 간다는 게 못마땅했지만 현실을 직시하고 받아들여야 했다. 그래서 점수에 맞춰 학과를 정하고 대학을 진학하게 되었다.

 미국 시애틀에 도착한 지 올해로 만 2년이 되었다.
미국을 가고 싶다는 생각은 중학교 3학년 때부터 하게 되었
지만 대학 입시 때문에 미국 유학은 고등학교 이후로 연기되
었다. 고등학교를 졸업할 당시 한국에 IMF라는 경제 한파가 닥쳤고 계속되
는 수능 시험에 대한 실패로 재수, 삼수를 하게 되었다. 대학을 들어가고 나
니 미국 유학이란 단어가 뇌리를 스쳐 지나가고 유학 준비를 나름대로 하게
되었다. 하지만 미국 유학이란 생각만큼 쉽지 않았고 부모님의 반대에 부딪
쳐 결국 보름 동안 짧지 않은 가출을 하게 되었다. 그리고 마침내 6개월이라
는 한정된 시간 동안이지만 미국으로 어학 연수를 보내주신다는 부모님의
허락을 받아냈다.

비록 6개월만 가는 어학 연수였지만 나의 목표는 이 짧은 시간 동안 부모
님께 많은 것을 보여드려 6개월이 아닌 6년 이상으로 만들 생각을 가졌었
다. 미국을 가기 위해 준비하는 한 달 동안 지난 7년 동안 미국 유학에 대해
계획했던 일을 정리하기 시작했다. 갑자기 많은 생각을 해서 일까? 머리가

너무 많이 아파왔다. 6개월이란 짧은 시간을 어떻게 6년이란 긴 시간으로 만들 수 있을까 온갖 고민을 다 해봤지만 답이 쉽게 나오지 않았기 때문이다. 혼자서 인터넷을 검색하고 유학원을 드나들며 정보를 수집하기 시작했고 나름대로 미국에서 6년 동안 버틸 수 있는 계획을 마련하게 되었다.

이런 계획을 가지고 미국 시애틀로 오게 되었고 처음 ESL(English Second Language) School을 다니면서 6개월의 시간을 6년으로 만들기 위한 나의 첫 번째 계획을 실천하기 시작했다. 그래서 두 달 동안에 ESL에서 제공하는 영어 수업을 속성으로 끝냈으며 바로 Bellevue Community College라는 2년제 학교로 입학할 수 있었다. 생각 같아서는 4년제인 University에 들어가고 싶었지만 엄청난 금액의 학비가 큰 걸림돌이 되었다. 4개월이라는 시간이 남았기에 Bellevue Community College에 입학할 수 있었고 학비 또한 ESL 정도의 수준이었기에 부모님의 허락을 받아낼 수 있었다.

미국에서 시작하는 본격적인 학교 생활은 생각보다 쉽지 않았다. 무엇보다 영어라는 언어 장벽이 큰 걸림돌이 되었다. 지금까지 우물 안의 개구리 식으로 공부했던 영어와는 차원이 다른 영어의 세계를 경험하게 되었다. 하나부터 열까지 영어로 된 모든 것들을 혼자 힘으로 해결해야 했다. 영어로 강의를 듣고 숙제를 하고 수업 시간에 발표를 해야 한다는 것은 학교를 입학하기 전 내가 생각했던 낭만적인 학교 생활이 아니었다. 하루하루 영어라는 언어 장벽 때문에 많은 스트레스를 받고 무시를 당하며 스스로 이겨나가야 했다.

하지만 그럴 때일수록 내 자신이 미국에 온 이유와 목적을 다시 한 번 생각하며 지금까지 쌓아왔던 나의 학습법을 토대로 더욱더 열심히 공부했다.

그리고 한 학기를 다니면서 나름대로 ‘all A’라는 좋은 성적을 받게 되었다. 힘들게 공부한 결과는 부모님의 생각을 조금씩 바꾸어 놓기 시작했다. 잘하지 못할 거라는 예상을 뒤엎고 ‘all A’를 받자 끝나가던 6개월의 시간은 한 학기 더 연장할 수 있게 되었다. 부모님께 더 많은 걸 보여드려야 된다는 생각을 가지고 있던 차, 뜻밖에 기회가 찾아오게 되었다. 미국 학생들이 수학 문제를 가지고 토론하는 것을 지나가다가 우연찮게 보게 되었던 것이다.

수학이라면 어느 정도 자신이 있었던 차에 말도 붙여볼 겸 내가 도와주면 안 되겠냐고 제의를 했다. 설명을 영어로 하기에는 많이 힘들었지만 나름대로 최선을 다해 그림과 공식을 보여주며 설명을 해주었다. 이런 나의 설명은 미국 친구들 추천으로 결국 학교를 다닌 지 5개월 만에 Math Lab에서 Math T.A.(Technical Assistant)라는 직업을 갖게 해주었다. 처음 Math Lab에서 일하는 동안 학교에서 열린 수학 경시대회에 나가 1등과 0.5점 차이로 2등을 하면서 점차 미국 학생들 사이에서 인기를 얻기 시작했다. 이런 인기에 힘입어 나는 많은 미국 학생들에게 수학을 가르치게 되었고 결국 수학 과외를 맡게도 되었다. 또한 Math T. A.와 수학 과외라는 일을 동시에 하면서도 나의 성적은 계속해서 all A를 유지할 수 있게 되자 나에 대한 부모님의 생각은 바꾸게 되었다. 그래서 받아낸 답이 힘들지만 College를 졸업할 때까지 도움을 주신다는 것이었다.

지난 만 2년 동안 미국 학생들과 강의를 같이 들으며 적지 않은 스트레스를 받고 남보다 더 바쁜 생활을 했다. 매학기를 학교에서 최대한 들을 수 있는 18학점을 듣고 Math T.A.와 수학 과외를 병행하면서 공부를 해야 했다. 그러면서 공부에 대한 Know-how를 이용해 공부한 결과 짧으면 짧고 길면 길다고 할 수 있는 만 2년이라는 기간 동안 많은 성적을 거둘 수 있게 되었다. 학교에서 Dean's & President's Honored Student로 선정되었고 Phi Theta Kappa International Honored Student로 선정될 수 있었다.

그리고 마침내 America National Dean's Honored Student으로 뽑힐 수 있게 되었다.

100% 영어로 강의하는 수학 과외 인기는 점점 늘어 1명에서 시작한 학생 수는 불과 4개월 만에 10여 명으로 불어나게 되었다. 영어로 학교 공부하고 영어로 수학을 가르친다는 것이 힘은 들었지만 많은 보람을 느꼈다. 그러면서 나의 공부 학습법은 특히 물리와 수학 부분에서 십분 발휘되어 99%라는 만점에 가까운 점수로 all A를 맞을 수 있게 되었다. 그래서 학교에 수학 교수들이 1년에 한 명 준다는 수학 최우수상인 'LEBON PRIZE'을 받을 수 있게 되었다.

이러한 결과들과 성과들로 미국에 온 지 만 2년 만에 마침내 원했던 대학인 University of Washington, Seattle, Computer Science와 University of California, Irvine, Computer Engineering에 3학년으로 동시 합격을 할 수 있게 되었다. 동시에 College에서 University까지 도움을 주신다는 부모님의

허락을 받아냈다. 내가 생각했던 6개월의 시간이 4년으로 늘어나는 순간이었다. 나는 만 2년이라는 시간 동안 하루하루를 살얼음을 걷는 긴장감과 더 열심히 잘해야 한다는 부담감으로 생활해야 했다. 많이 힘들었지만 결국 하나하나 원하는 나의 꿈을 이루어나갈 수 있었다. 그리고 내가 가장 좋아하는 말이 실현되는 순간이었다.

오랫동안 꿈을 그리는 사람은 마침내 그 꿈을 닮아 간다.

If you have a dream about what you want to do, your dream will come true in the end.

2 공부 시작하기

2

Study plans

공부란 게임과도 같다

 앞에서 언급했듯이 공부란 게임과도 같다.

여러분이 스타 크래프트(Star Craft)란 게임을 어떻게 하는지 생각해 보라. 처음부터 무슨 게임인지도 모르고 무턱대고 시작하지 않을 것이다. 또한 게임에 대한 이론과 전략을 알았다고 해서 게임에서 이기는 승리의 기쁨을 맛보기도 쉽지 않을 것이다. 어설픈 이론, 전략과 기술은 오히려 게임만 오랫동안 많이 하는 육체적·정신적 고통만을 가져다 줄 뿐이다.

여러분이 짧은 시간 안에 스타 크래프트에서 고수가 되고 싶다면 게임에서 나오는 기본 종족과 특징들을 정확히 알아야 할 것이다. 그리고 빠른 키보드와 마우스 사용법과 함께 각 종족들의 특징을 이용한 훌륭한 전술과 전략을 익히도록 해야 할 것이다. 그리고 나서 훈련을 통해 익힌 전술과 전략을 사용해 보고 잘못된 점을 분석해서 고쳐나가고 보완해 나갈 때 고수가 될 수 있다. 스타 크래프트의 많은 고수들의 애기를 들어보면 열심히 노력하면서 많은 시간을 분석하고 전략과 전술을 만드는 데 투자한다고 한다.

이 글을 읽는 학생 여러분은 공부라는 게임에 대해 어떻게 하고 있는지 생각해 보라. 각 종족인 국어, 영어, 수학, 사회, 과학 등에 대해 잘 알지도 못하고 어설픈 방법으로 공부하고 있을 것이다. 그래서 많은 시간과 노력을 들여 공부하지만 성적은 생각만큼 쉽게 오르지 않음을 깨닫고 오히려 자신을 책망하게 될 것이다. 이런 책망은 자신감을 떨어뜨려 공부라는 게임에서 고수가 될 수 없게 만든다. 공부라는 게임에 대한 기본 바탕은 열심히 노력한다는 것이다. 그리고 올바른 분석, 전략과 기술을 통해 각 과목에 대한 특징을 파악할 때 비로소 공부라는 게임을 잘할 수 있을 것이다.

"공부에는 왕도(王道)가 없다."는 말을 자주 한다.

약 2200년 전, 그리스의 유클리드란 학자가 학생들에게 기하학에 대해서 가르치고 있을 때였다. 학생들 중에는 왕의 아들도 있었는데 수학이 어렵고 귀찮아서 유클리드에게 이런 말을 했다고 한다. "선생님, 원론을 좀더 알기 쉽게 공부하는 방법은 없습니까?" 하고 물으니, 유클리드가 대답하기를 "공부 방법에는 왕도가 없습니다."라고 했다는 것이다.

즉 공부란 왕이 따로 갈 만한 쉬운 방법이 없고 '어느 누구에게나 다 똑같이 어렵다'는 말이다. 하지만 잘된 공부 방법을 알게 되면 '왕도가 없다'는 말에서 '왕도가 있다'는 말로 바뀌게 될 것이다. 우리는 스타 크래프트라는 게임을 할 때 누구나 초보자 수준부터 출발하지만 어느 누가 많은 전략과 기술을 알고 연마하느냐에 따라 고수가 결정된다. 따라서 우리는 공부라는 게임에서도 좋은 방법을 알아 남보다 빨리 고수가 될 수 있도록 하자.

공부를 하는 이유

 여러분이 스타 크래프트를 하는 이유는 무엇인가? 아마도 자신의 멋진 전략과 기술을 이용해 남을 이겨 승리의 기쁨을 맛보고 싶기 때문이다. 그렇다면 공부를 하는 이유는 무엇일까? 게임에서는 적을 이겨 승리한다고 한다면 공부라는 것은 자신의 꿈과 목표를 이루어 나가기 위해 한다고 말할 수 있다. 하지만 많은 학생들이 이 질문에 있어 '시키니까', '해야만 하니까', '대학을 가기 위해서' 등 수동적이며 반강제적인 생각을 가지고 있다. 다시 말하면 공부에 대한 열정과 즐거움 없이 하고 있기 때문에 공부를 못 하는 것은 당연한 이치이다.

이런 생각에서 벗어나 공부를 하는 다른 이유를 찾아보면 다음과 같은 것들이 있다.

'훌륭한 사람이 되기 위해서', '사람답게 살기 위하여', '새로운 사실을 발견하고 그 기쁨을 누리기 위하여' 등 수많은 이유들이 있을 것이다. 하지만 이런 것들은 결국 자신이 생각하는 꿈과 목표라 말할 수 있을 것이다. 대부분의 사람들은 '자신이 꿈꾸고 목표한 바를 이루기 위해 공부한다'는 말에 동의를 할 것이다. 이처럼 공부도 자신의 꿈과 목표를 이루기 위해 하나의 수단으로 이기적으로 해야 한다는 것이다.

　스타 크래프트를 잘하게 되면 좋은 점들이 있지만 공부를 잘하게 되면 이보다 더 많은 좋은 점들이 있다. 예를 들면, 가정에서는 부모님과 가족들의 사랑을 받을 수 있게 되며 잘못을 저질렀다고 하더라도 용서되거나 무마될 수 있다. 학교에서는 선생님들에게 특별한 학생으로 생각되며 다른 친구들도 업신여기지 못할 것이다. 또한 여학생들로부터 많은 인기를 얻을 수 있을 것이다. 좋은 대학을 나와 직장을 갖게 되면 남보다 빠르게 승진을 할 수 있게 되고 더 많은 연봉을 받을 수 있게 된다. 즉 사회에 나가서는 남보다 더 많은 혜택을 누릴 수 있게 되며, 부와 명예도 얻게 된다. 이처럼 공부를 잘하게 되면 보이지 않는 수많은 혜택을 얻을 수 있게 될 것이다. 그렇지만 무엇보다도 공부를 잘하게 되면 자기의 꿈과 목표를 더 빨리 실현할 수 있기 때문에 우리는 공부라는 것을 잘해야만 할 것이다.

"오랫동안 꿈을 그리는 사람은 마침내 그 꿈을 닮아간다."

If you have a dream what you want to do, your dream will come true in the end.

　나는 이 말을 어떤 말보다 소중하게 생각하고 있다. 나의 꿈들을 닮아가기 위해 하루하루 열심히 한 결과 드디어 하나씩 나의 소중한 꿈들을 닮아가고 이뤄나가고 있다. 여러분도 공부를 잘하게 되면, 자신의 꿈들을 하나씩 닮아가고 이룰 수 있게 되며, 이런 기쁨은 삶을 살아가는 데 원동력이 될 것이다.

공부를 하기 위한 마음가짐

이제 공부를 왜 해야 되는지 이유를 알았다면 공부를 하기 위한 마음가짐에 대해 알아 보자. 이를 위해서는 무엇보다 '어떤 마음가짐을 갖느냐'가 중요하다. 공부를 하기 전에 여러분은 어떤 생각과 마음가짐을 가지고 있는지 생각해 보라. 앞에서 언급했듯이 '시키니까', '해야만 하니까', '대학을 가기 위해서'라고 답했다면 이런 학생은 공부를 절대 잘할 수 없다. 공부를 잘한 사람들 대부분은 공부는 재미있고 능동적으로 해야 실력을 향상시킬 수 있다고 한다.

공부를 잘하기 위한 첫 번째 마음가짐은 공부에 대한 동기 부여다.

먼저 자신의 꿈과 목표가 뚜렷해야 한다. 꿈과 목표가 있는 사람들은 왜 공부를 하는지 이유가 있고 이런 이유는 자신에게 동기 부여를 하게 만든다. 이러한 동기 부여로 자신의 꿈과 목표를 이뤄나가기 위해 계획을 세우고 공부를 하게 된다. 예를 들어 자신의 목표가 빌 게이츠처럼 뛰어나게 컴퓨터를 잘하는 것이라고 하자. 이를 위해 우리는 좋은 대학에 있는 컴퓨터 공학과를 가야 할 것이다. 결국 좋은 대학에 있는 컴퓨터 공학과를 가기 위해서는 공부를 잘해야 된다는 결론이 나오게 된다. 이처럼 자신의 꿈과 목표를 위해 자신에게 동기 부여를 하는 마음가짐을 갖도록 하자.

두 번째로 마인드 컨트롤을 잘할 수 있어야 한다.

스타 크래프트에서 게임을 하다가 질 것 같으면 쉽게 게임을 포기하는 사람들이 있다. 이러면 절대 실력이 늘지 않고 게임에 흥미를 느끼지 못한다. 공부를 하는 많은 학생들도 책상에 앉은 지 20분이 되지 않아 공부가 싫증 나고 지루하다고 공부를 중단하거나 포기하게 된다. 공부를 잘하는 데 있어 집중하는 것은 매우 중요하다. 이런 집중을 위해서는 인내심을 가지고 꾹 참고 자리에 오래 앉아 있는 습관을 만들어야 한다. 처음에는 힘들고 어렵겠지만 계속해서 하다 보면 우리는 오래 앉아 있는 습관에 길들어지게 된다. 그래서 이런 집중력을 만들고 장기간 앉아 있는 습관을 만들기 위해 자신을 컨트롤 할 수 있는 마음가짐이 중요하다.

세 번째로 공부가 잘 되는 마음가짐을 의식적으로 갖는 것이 좋다.

공부가 좋고 재미있어서 하는 사람은 많지 않을 것이다. 하지만 공부가 싫고 힘들다고 생각하는 학생보다 재미있고 즐겁다고 생각하는 학생이 훨씬 더 공부를 잘하게 된다.

긍정적인 생각을 가지고 공부를 하도록 하자. 모든 일에 있어서 자신이 하고자 하는 마음과 긍정적 사고를 갖게 될 때 더욱 잘하게 되어 있다. 즉 자신의 꿈과 목표를 생각하며 공부하는 것이 재미있고 흥미롭다는 마음가짐을 의식적으로 갖게 될 때 공부를 잘하는 것은 결코 어려운 것이 아니다.

3 우등생이 되는 십계명

3

The ten rules
for being a
successful
student

앞에서 우리는 공부란 무엇이며 왜 공부를 해야 하는지에 대해 알아봤다. 무엇보다 자신의 목표와 꿈이 있어야 공부하는 동기를 스스로에게 부여한다고 했다. 이제 공부하는 이유를 알고 자신에게 동기 부여를 했다면 우등생이 되는 것은 어렵지 않다. 우등생이 되고자 한다면 무엇보다 자신의 학습 태도를 먼저 바꾸는 것이 중요하다.

연구에 의하면 성적을 향상시키기 위해서는 좋은 학원이나 과외보다 올바른 학습 태도와 환경이 중요하다는 결과가 입증이 되었다. 학원이나 과외는 오히려 의존하는 학습 태도를 갖게 만드는 나쁜 영향을 주기 때문에 스스로 이해하는 능동적인 학습 태도가 필요하다는 것이다. 그렇다면 공부를 잘하기 위해서는 어떤 학습 태도를 가져야 하며 어떻게 공부하는 것이 바람직한 방법인지 우등생이 되는 십계명을 알아 보자. 이 열 가지 방법을 읽다 보면 서로 유기적인 관계가 있다는 것을 발견하게 될 것이다. 그래서 서로 어떤 관계가 있는지 스스로 생각해 보고 찾아 보라고 말하고 싶다.

하나. 시간을 지배하라

 이 말은 하버드 대학교에 교육학 교수인 리처드 라이트가 하버드에 다니는 수재 1600명에게 물어본 결과 얻은 답변 중에 하나이다. 즉 '모든 수재는 시간을 지배하고 있다' 는 것이다. 자신은 하루 시간을 어떻게 이용하고 있는지 생각해 보라. 아마 많은 학생들은 하루하루를 시간에 쫓기며 생활하고 있을 것이다. 학생들을 보면 똑같은 수업을 듣고 숙제가 있다고 하더라도 어떤 학생은 숙제와 할 일이 많다는 이유로 불평·불만이 많을 것이다. 반면, 숙제도 많고 할 일도 많지만 항상 여유롭게 생각하며 모든 것들을 정해진 시간 안에 다 끝내는 학생이 있다. 이 두 종류의 학생을 보았을 때, 첫 번째 학생은 공부를 못 하는 열등생이요, 두 번째 학생이 공부를 잘하는 우등생이다. 열등생이나 우등생이나 주어진 시간은 똑같다. 하지만 같은 시간이라 할지라도 어떻게 쓰고 지배하느냐에 따라 열등생과 우등생이 결정된다.

미국에서 나를 보는 많은 사람들이 어떻게 그 많은 일을 잘해 낼 수 있느냐고 묻는다. 나의 하루 일과는 아침 8시 30분에 수업을 시작으로 매일 3~4

과목을 듣는다. 학교 Math Lab에서 Math T. A. 활동을 2~3시간 하고 수학 과외를 2~4시간씩 한다. 이렇게 하고 나서 도서관에 도착하면 거의 밤 10시가 된다. 밤늦게 도서관에 도착해서 인터넷을 1시간 정도 하고 나면 밤 11시부터 본격적인 내 공부가 시작된다. 나는 매학기 학교에서 들을 수 있는 최대 학점인 18학점을 듣다 보니 공부할 양도 많고 숙제도 많다. 듣는 과목 또한 결코 쉬운 과목들이 아니다. 지난 학기에는 대학 영어 II를 들었으며, 학교에서 높은 수학 과목인 Differential Equation과 고급 일본어 그리고 나머지 두 과목을 더 들었다. 이렇게 바쁜 생활과 어려운 과목을 들으면서도 all A가 나왔고 수학 같은 경우 99%라는 최고 점수로 A를 받게 되었다.

내가 다른 학생들과 비교했을 때 분명 다른 점이 있다면 난 시간을 지배하고 있었던 것이다. 비록 공부하는 시간은 하루에 서너 시간밖에 되지 않았지만 난 어떻게 시간을 지배하는지 알고 있었기에 남들보다 짧은 시간 안에 많은 일을 해낼 수 있었다.

시간을 어떻게 지배하느냐에 따라 1시간이 10분이 될 수도 있고 10시간이 될 수도 있다. 그렇기 때문에 여러분이 우등생이 되고자 한다면 시간에 끌려 다니지 말고 시간을 지배해야 한다.

둘. **계획**을 세워라

시간을 지배하기 위해서는 무엇보다 계획을 잘 세워야 한다. 계획을 어떻게 세우느냐에 따라 버리는 시간이 없으며 자투리 시간을 잘 활용할 수 있다. 계획은 구체적이며 실현 가능한 것을 세우는 것이 무엇보다 중요하다. 대부분의 학생들은 계획을 세울 때, 욕심이 먼저 앞서다 보니 지키지도 못할 거창한 계획만을 세우고 뿌듯해한다. 이러한 계획은 작심삼일이라는 말처럼 며칠 못가서 지키지 못하며 결국 시간과 노력을 낭비하게 되는 것이다. 이는 전형적인 열등생의 방법이기에 우리는 계획 세우기를 중요하게 생각하고 잘 만들어 우등생이 되어야 할 것이다.

자신을 냉철하게 판단하자

계획을 세울 때는 항상 자신이 할 수 있는 공부량을 생각하도록 하자. 이를 위해 자신을 냉철하게 판단하고 결코 남들과 똑같은 계획을 세워서는 안 될 것이다. 사람마다 학습 능력이 다르기 때문에 공부를 잘하는 학생의 계획을 따라 하는 것은 자신에게 오히려 역효과가 난다. 그렇기 때문에 자신을 정확히 판단해서 자신의 역량과 학습 능력을 파악해야 한다. 그리고 나서 실천할 수 있는 계획을 세우는 것이 자신에게 효과를 가져다 줄 것이다.

계획을 세우되 구체적인 계획을 세워라

장기 계획을 세우는 것도 중요하지만 단기 계획을 세우는 것은 더 중요하다. 이를 위해 길게는 일 주일, 짧게는 일일 계획을 구체적으로 세우는 것이 필요하다. 아침에 자투리 시간을 이용해서 공부를 시작하기 전, 얼마나 어떻게 공부를 해야 할지 간단히 수첩에 적는 것이 좋다. 그러면 자신이 할 공부량을 알 수 있으며 하나씩 이뤄가는 만족감을 느끼는 재미도 있을 것이다. 구치적인 계획을 세우되 공휴일이나 주말은 남겨 놓고 주중에 지키지 못한 계획을 실행하는 것이 좋다.

계획에 우선 순위를 정하라

계획을 잘 세우는 것도 중요하지만 지키는 일은 이보다 더 중요하다. 계획을 세우다 보면 지키기 힘든 계획표가 만들어지기 때문에 계획에 우선 순위라는 것을 정해두는 것이 필요하다. 모든 일과 계획에는 먼저 해야 되는 우선 순위와 중요성이 있다. 이런 우선 순위를 통해 계획을 세우게 되면 실천하기가 한결 수월해진다. 비록 100% 계획을 실천하지 못하더라도 자신에게 만족감을 주게 되며 시간을 효율적으로 이용할 수 있게 된다.

오늘 할 일을 내일로 미루지 마라

많은 학생들은 '오늘'이라는 단어보다 '내일'이라는 단어를 좋아한다. 하지만 이런 학생은 내일이 일 주일이 되며 일 주일은 1년이 된다. 그렇기 때문에 자신이 계획을 세웠다면 내일이라는 말보다 지금 당장 실천하도록 하는 자세가 중요하다. 한 번 미뤄지기 시작한 계획은 결국 지킬 수 없는 계획을 만든다는 점을 잊지 말아야 한다.

일단 계획한 바를 시작하는 자세가 중요하다.

셋. 자신만의 목표를 세워라

 계획을 잘 세우기 위해서는 자신만의 목표 의식을 갖는 것이 중요하다. 이런 목표 의식은 좋은 계획을 위한 밑바탕이 되며 인생의 나침반 역할을 한다. 앞에서 언급했듯이 목표가 있는 사람은 공부를 하는 동기를 얻게 되며 이를 성취하고자 노력하게 된다. 이러한 노력은 집중력을 향상시키며 공부하는 열정을 만들어 주게 된다.

"돌을 던져 나무를 넘기고자 한다면 하늘을 향해 던지라."는 말이 있다. 이는 목표를 자신이 생각하는 것보다 조금 더 높게 설정하라는 말이다. 목표가 낮은 사람은 발전이 없다. 항상 하는 일과 공부에 제자리 걸음을 하며 '금방 달성할 수 있겠구나' 라는 자신의 합리화에 빠지게 된다. 이런 합리화는 자신을 나태하게 만들고 발전을 저해한다. 반면 자신의 생각보다 조금 높은 목표는 성취로 이끄는 원동력이 되며, 자기 발전으로 이어지게 된다. 또한 이런 목표를 이뤘을 때의 성취감은 자신으로 하여금 잘할 수 있다는 보이지 않는 자신감을 가져다 준다.

하지만 지나친 목표는 피하는 것이 좋다. 목표란 성취하는 기쁨을 맛보기 위해 만드는 것이다. 너무 높은 목표는 쉽게 포기하게 만들고 자신에게 실망감을 줄 수 있다. 이런 실망감은 자신감을 상실하여 학습 부진으로 이어져 슬럼프라는 연쇄 작용을 일으킨다. 그렇기 때문에 항상 자신의 생각과 능력보다 조금 더 높은 목표를 설정하며 성취감을 맛보도록 노력해야 할 것이다. 그리고 그런 목표를 충분히 이뤄나갈 수 있을 때 좀더 높은 목표로 상향 수정하는 자세가 필요하다.

만약 자신이 세운 목표를 이뤄나가지 못한다면 '왜 하지 못했는가'에 대한 연구 · 분석이 필요하다. 이런 연구 · 분석을 통해 자신의 목표를 보다 정확히 재설정할 수 있으며 할 수 있을 거라는 자신감을 심어 줄 수 있다.

목표는 중요하다. 이는 삶의 원동력이요, 인생의 나침반이라 할 수 있기 때문이다.

넷. 자신을 컨트롤하라

 '이 세상에 공부가 좋아서 하는 학생이 과연 몇 명이나 될까?' 라고 묻고 싶다. 정말 공부가 재미있어서 좋아서 하는 학생이라면 이 책을 읽을 필요가 없을 것이요, 아마 우등생일 것이라 믿는다. 그렇지 않다면 끝까지 이 책을 읽고 우등생이 되어야 할 것이다.

공부를 하다 보면 수많은 유혹을 받게 된다. 특히, 재수나 삼수를 하는 학생이라면 학교에서 공부하는 고등학생들보다 더 많은 자유와 시간이 있기 때문에 자신을 컨트롤하는 능력이 필요하다. 내 경우도 재수, 삼수를 하면서 온갖 유혹에 시달리며 공부를 해야만 했다. 처음 학원에 가서 많은 여학생들 때문에 용모에 적지 않은 신경을 썼어야 했으며 가까운 시내에 위치한 덕분에 자주 놀러 나갈 수 있었다. 또한 많은 대학생 친구들이 공부하는 나를 위해 격려한다고 저녁마다 날리는 핸드폰 메시지는 공부하고자 하는 나를 유혹하고 또 유혹했다. 하지만 결론부터 말한다면 이런 유혹에 빠진 학생은 절대 공부를 잘할 수 없다.

많은 우등생을 보면 자기 관리가 철저하다. 자신을 컨트롤하며 계획에 따라 정해진 시간에 해야 할 공부를 한다. 자신을 컨트롤한다는 말은 다시 말해 자신과의 싸움이다. 자신과의 싸움에서 이기는 학생은 원하는 대학에 합격할 것이요, 지는 학생은 다음 해를 기약하거나 점수에 맞춰 대학을 가야 할 것이다. 어떤 학생은 "잠을 충분히 자고도 학교에서 조는 자기 자신이 싫다."고 말한다. 이는 자신과의 싸움에서 지고 있기 때문이다. 우등생이라고 해서 잠이 오지 말라는 법은 없다. 하지만 이들은 잠이 오지 않는 것이 아니라 자신과의 싸움에서 이겨 나가기 때문에 강인한 정신력으로 버텨 나가고 있음을 알아야 한다.

또한 자신을 컨트롤 하며 매일 규칙적인 생활을 하기란 엄청나게 힘든 고행이라 말하고 싶다. 같은 시간에 일어나 같은 계획에 따라 매일같이 다람쥐 쳇바퀴 같은 생활을 1년 동안 한다고 생각해 보라. 이는 10일 동안 날을 새며 공부하는 것보다 더 힘든 노력과 정신력이 요구된다. 같은 일을 단기간에 하기는 어렵지 않다. 하지만 우리는 짧게는 1년, 길게는 3년이라는 시간 동안 수능이라는 적과 싸워 이겨야 한다. 적을 이기기 위해서는 규칙적인 생활로 컨디션을 최상으로 만들어야 하며 이를 위해 자신을 컨트롤할 수 있어야 한다.

다섯. 한 과목을 최소한 1시간 이상 공부하라

 수능을 공부해본 학생이라면 왜 최소한 1시간을 공부하라는지 알게 될 것이다. 수능 공부를 비롯한 모든 과목을 이해하고 암기하는 데는 적당한 시간이 요구된다. 이 적당한 시간이란 사람마다 다르겠지만 최소 1시간이라 생각한다. 어떤 사람은 한 과목을 20~30분 간격으로 공부하라고 하지만 이는 전혀 현실성 없는 이야기다. 짧은 시간 집중해서 공부를 한다고 하지만 공부에는 연속성이라는 성질이 있다. 즉 적당한 시간 동안 한 과목에 대해 생각하고 공부할 때 비로소 이해가 되고 암기가 된다는 것이다. 하지만 20~30분 정도의 시간은 그 과목을 완전히 이해하고 암기하기에는 턱없이 부족한 시간일 뿐만 아니라 공부의 연속성을 유지할 수 없다.

미국에서 Differential Equation이라는 수학 과목을 들을 때였다. 하나의 수학 정리(theory)를 이해하기에 1시간 정도 소요되었고 수학 문제를 막힘없이 풀었음에도 불구하고 30분 이상 요구하는 복잡한 것도 있었다. 저학년

일수록 짧은 시간에 여러 과목을 번갈아 가며 공부하는 것이 효과적일 수 있다. 하지만 고학년일수록 공부 학습 정도가 높아짐에 따라 한 과목에 집중해야 할 충분한 시간이 필요함을 느꼈다. 수능이란 시험은 결코 20~30분 안에 정복할 수 있는 공부가 아니다. 비단 수능뿐만 아니라 영어나 수학, 기타 암기 과목들도 최소 1시간 이상을 공부해야 효과적인 공부가 된다. 덧붙여, 사람들마다 이해능력에 따라 요구되는 시간이 다를 것이다. 각자 객관적으로 자기에게 필요한 시간을 확인하고, 거기에 맞는 충분한 시간을 확보하면서 공부하는 것이 중요하다.

최소한 한 과목을 공부하는데 1시간을 투자하고 더 많이 공부하고자 하면 2시간 정도가 적당하다. 이는 계획을 세워 정해진 목표량을 공부하고 이를 점검 · 정리하는 데 걸리는 시간이다. 하지만 2시간 이상의 공부는 권하고 싶지 않다. 집중력이 아무리 뛰어나다고 하더라도 한 과목을 오래 잡고 있다 보면 공부하는데 지루함을 느끼기 때문이다.

생물 시간에 역치라는 것에 대해 배웠을 것이다. 역치란 세포가 느낄 수 있는 최소한의 자극의 세기를 말한다. 예를 들어 보통 사람이 들을 수 있는 소리를 3의 세기로 봤을 때 시끄러운 나이트 클럽에서 일하는 사람이 가지고 있는 자극의 세기는 보통 사람의 두 배 이상인 6이 될 수 있다. 그 이유는 매일 같이 시끄러운 나이트 클럽에서 일을 하고 있기 때문이다. 그래서 우리가 이 사람과 대화를 한다면 자극의 세기가 보통 사람보다 두 배 이상이기 때문에 큰소리로 이야기를 해야 할 것이다.

공부도 마찬가지다. 한 과목을 오랫동안 공부하게 되면 공부에 대한 감각이 무덤덤해져 버린다. 공부를 하고 있어도 뭘 공부하고 있는지 모르며 결국 책상에만 앉아 있는 현상이 벌어진다. 그렇기 때문에 자신이 판단할 때 지금 하고 있는 공부가 지루하거나 집중이 잘 되지 않을 때는 다른 과목으로 바꿔 공부하는 것이 좋다. 또한 잠깐의 휴식이나 토막잠은 공부에 대한 역치를 떨어뜨려 다음 공부를 하는데 자극을 쉽게 줄 수 있다. 그래서 최소 1시간을 공부하고 잠깐 휴식을 하거나 다른 과목으로 바꾸어 공부하도록 하자.

여섯. 스터디 그룹을 만들어라

 이 방법은 내가 미국에서 공부하면서 미국 학생들로부터 배운 방법이다. 많은 미국 학생들은 공부를 하는 데 있어서 그룹을 자주 만들어 공부한다. 지금까지 공부는 혼자 해오는 스타일이었기 때문에 나에게는 쉽게 적응하기 힘든 공부 방법이었다. 공부를 하다가 모르는 것이 있어도 혼자 끙끙대며 해결하기 위해 많은 시간과 노력을 들여야 했다. 하지만 스터디 그룹을 하고 나서 내가 얼마나 어리석은 짓을 했으며 시간과 노력을 낭비했는지 깨닫게 되었다.

물론 기본적으로 공부라는 것은 혼자 하는 것이다. 스스로 공부해서 이해하고 암기해 나가며 문제를 풀어 나가는 것이다. 하지만 공부에는 과정이라는 단계가 있다.

이 단계에서 스터디 그룹이라는 활동이 필요하며 좋은 스터디 그룹은 자신의 공부에 많은 도움을 줄 수 있다. 그렇기 때문에 스터디 그룹의 단점은 버리고 장점만을 잘 이용하여 자신의 공부에 도움이 되도록 하자.

스터디 그룹에 대한 단점은 공부라는 목적보다 만남이라는 부가적인 것에 초점이 맞춰질 수 있다. 스터디 그룹은 무엇보다 자신의 실력과 비슷한 학생들로 구성이 되어야 한다. 하지만 많은 학생들의 부정적인 시각과 개인주의 때문에 그룹이 잘 만들어지지 않는다.

　반면 스터디 그룹에 대한 장점은 여러 가지가 있다. 비슷한 수준의 그룹이 형성되면 모르는 문제를 일반적인 생각으로 쉽게 풀어낼 수 있다. 이는 자신이 미처 깨닫지 못하거나 알지 못한 이론을 이해하고 응용하는데 도움을 준다. 모르는 문제를 다른 사람에게 가르쳐 주면서 다시 한 번 이해를 하게 되며 자신의 실력이 향상된다. 그리고 가장 좋은 점은 협동심을 잘 발휘하면 짧은 시간에 많은 양을 공부해 낼 수 있다. 이를 분배(dividing) 학습법이라 한다.

　예를 들어 500페이지 책 한 권을 내일 시험 본다고 하자. 일반적인 생각으로 공부를 한다면 쉽게 포기하고 말 것이다. 하지만 방법을 알면 해결 방법이 보이며, 그 길이란 바로 분배 학습법을 통한 스터디 그룹이라는 것이다. 이 방법은 특히 의대생들이 많이 쓰는 방법 중에 하나이다. 가족을 티롯한 주위에 많은 사람들이 의대생인

목적과 방향에 맞는 스터디 그룹 만들기

1. 수준에 맞는 학생들로 구성하자.
2. 인원은 3~5명이 적당하며 가능한 홀수로 그룹을 만드는 것이 좋다.
3. 일 주일에 스터디 그룹을 할 횟수를 정하되 1~2회에 두세 시간이 가장 적당하다.
4. 학습 목표에 따라 교재와 진도를 정하고 규칙을 만드는 것이 중요하다.
5. 중간에 스터디 그룹에 대한 평가가 필요하며 필요에 따라 수정하는 자세가 필요하다.
6. 모임을 갖고 공부를 할 때 인간 관계를 어떻게 하는 가가 중요하다.

관계로 이 방법을 이용하고 있음을 발견하게 됐다. 분배 학습법은 말 그대로 공부하는 양을 분배해서 공부를 하는 것이다. 즉 500페이지 책 한 권을 혼자서 공부하지 말고 스터디 그룹을 만들어 인원에 따라 공부할 양을 나눈다는 것이다. 그리고 각자 맡은 부분을 공부하여 서로 바꿔가며 공부하면 짧은 시간에 많은 양을 소화해낼 수 있다.

결국 스터디 그룹을 만드는 것도 자신의 공부에 도움이 되고자 하는 점을 잊어서는 안 되며 배워 나가는 과정임을 알아야 한다.

일곱. 잠을 충분히 자라

한자 성어 중에 '사당오락'이란 것이 있는데 내가 좋아하는 말은 아니다. 이 말의 의미는 문자 그대로 "네 시간 자면 합격하고 다섯 시간 자면 떨어진다."는 말이다. 이 말을 믿고 더 잘하기 위해 고등학교 시절 하루에 두세 시간 자며 1년 동안 공부를 했다가 육체적·정신적으로 많은 고통을 겪어야 했다. 이러한 잘못된 생각과 행동은 가장 중요하다는 고등학교 시기에 독학을 하게 만들었으며 친구들로부터 왕따를 당하고 학교 선생님께 꾸중을 듣게 했다.

몽유병(夢遊病)이라는 말을 알 것이다. 이는 잠을 자다가 자신도 모르게 일어나서 어떤 행동을 하다가 다시 자고, 깬 뒤에는 이 사실을 전혀 깨닫지 못하는 병을 말한다.

잠을 하루에 두세 시간을 자다 보니 결국 학교에 가서 몽유병 환자처럼 행동하고 집에 와서 잠을 깨는 내 자신을 발견하게 됐다. 이런 자신에 대한 질책고 후회를 했지만 다시 두세 시간만 자고 학교에 가게 만드는 불행한 사이클을 만들어 버렸다. 밤늦게까지 열심히 공부했다는 보상(補償)심리 때문에 이런 불행한 사이클이 만들어진 것을 전혀 깨닫지 못했다. 바로 '자신의 합리화'에 빠져 스스로 무덤을 파고 있었던 것이다.

어떤 연구에 의하면 잠을 못 잔 몽롱한 상태에서 10시간 공부하는 것은 잠을 충분히 자고 1시간 공부한 것과 같다고 한다. 아직도 많은 학생들은 잠을 자지 않고 공부를 해야 많은 양을 공부했다는 만족감을 얻는다고 생각한다. 고등학교 때 내 경우를 보면 잘 이해가 될 것이며, 사실은 절대 그렇지 않음을 말하고 싶다. 이런 만족감은 오랫동안 지속되지 못하며 오히려 자신에게 육체적·정신적으로 많은 고통을 준다는 것을 알아야 한다. 특히, 장거리 레이스를 뛰는 고등학생들에게는 잠을 적게 자는 일이 결코 바람직한 방법이 아님을 알아야 한다.

미국에서 많은 사람들이 내가 정해진 시간에 많은 것을 하는 것을 보고 나에게 자주 묻는 질문은 "하루에 몇 시간 자느냐?"는 것이다. 아마도 내가 잠을 두세 시간만 자고 공부하는 것으로 생각할 것이다. 하지만 고등학교 시절 생각하기 싫은 기억 때문에 무슨 일이 있어도 잠만큼은 적어도 6시간을 잔다. 대신에 깨어 있는 시간만큼은 어느 누구보다도 더 열심히 집중하고 시간을 지배하며 생활하기 때문에 이 모든 것이 가능한 것이다. 충분한 잠은 자신의 집중력을 극대화시키고 효과적으로 공부를 하는 데 도움을 준다. 그렇기 때문에 최소 6시간 이상을 자도록 하며 반드시 숙면을 취하도록 하자.

여덟. 놀 때 놀고 공부할 때 공부하자

공부하는 학생들의 유형을 보면 남들 놀 때 놀고 그것도 부족해 남들 공부할 때 노는 학생이 있는가 하면, 남들 놀 때 공부하고 남들 공부할 때도 공부하는 학생이 있다. 나에게 어느 누가 더 현명한 학생이냐고 묻는다면 둘 다 어리석은 학생이라 말하고 싶다. 내 경우, 두 번째 학생의 공부 유형이었다. 고등학교 시절, 남들보다 더 많이 공브해야 한다는 부담감 때문에 졸면서도 쉬는 시간에 영어 단어를 외웠으며 심지어 체육 시간까지 책을 가지고 나가 공부를 했다. 집에 와서도 많은 숙제와 공부 때문에 더더욱 잠을 줄이면서 공부를 했다. 하지만 이런 행동의 결과는 결국 왕따를 만들었고 성적은 오히려 떨어지는 불행을 가져왔다.

주위에 공부 잘하는 학생을 관찰해 보라. 이들이 하는 행동을 살펴보면 놀 때는 놀고 공부할 때는 공부를 한다는 것이다. 난 처음에 이런 학생들을 관찰하면서 놀기는 하지만 머릿속에는 공부로 가득차 있을 거라는 어리석은 생각을 했다. 하지만 이들은 놀 때만큼은 절대 공부란 단어에 대해 생각하지

않음을 알게 되었다. 오히려 공부 못 하는 학생이 놀면서도 공부라는 것 때문에 스트레스 받음을 알았다. 그래서 하는 말이 잘 놀아야 공부도 잘한다는 것이다. 잘 노는 것과 공부를 잘하는 차이가 있다면 자신이 하는 일에 어떤 마음가짐을 갖느냐는 것이다.

내 경우 미국에서 학교를 다닐 때만큼은 모든 일에 열심히 했다. 수업을 듣고 Math. T.A., 수학 과외, 숙제, 프리젠테이션, 리포트 등 하는 일이 많았기에 쉬고 싶은 마음도 굴뚝 같았다. 매일 밤 새벽 한두 시에 문을 열고 집에 들어갈 때마다 '왜 이렇게 열심히 해야 되는지' 라고 스스로에게 묻는 경우가 많았다. 하지만 난 '하는 모든 일을 즐겼다' 라고 말하고 싶다. 학교를 다니면서 해야 될 일이라면 어느 누구보다도 더 열심히 하고 싶었다.

그렇지만 방학이 시작되면 다른 어떤 사람보다 잘 놀기 위해 궁리하다가 시작하게 된 것이 여행이었다. 학교를 다니면서 틈틈이 모은 돈으로 홀로 가방 하나만 메고 세계 각국을 여행한 것이 벌써 20여 개 국이고, 많은 지방을 돌아다닐 수 있게 되었다. 여행을 하면서 남보다 잘 놀고 많은 것을 몸소 체험하며 세상을 바라보는 견문을 넓힐 수 있었다. 어느 광고에서 "열심히 일한 당신, 떠나라!!!"라는 말처럼 공부할 때는 최선을 다해 공부를 하며 놀 때도 열심히 노는 현명한 사람이 되도록 하자. 잘 놀아야 스트레스도 풀 수 있게 되며 공부 또한 능률이 오르게 된다.

아홉. **출제자**입장에서 공부하라

 우리가 공부를 하는 이유도 결국 시험이라는 문제를 잘 풀어 고득점을 얻기 위해서다. 고득점을 얻고자 한다면 무엇보다 출제자가 되어 공부하는 것이 중요하다. 정해진 시간에 똑같은 공부를 하더라도 출제자의 목적과 의도를 파악한다면 효과적인 공부를 할 수 있다. 출제자들은 문제를 만들 때 출제할 내용과 목표라는 것을 설정해 둔다. 우리가 100가지를 배운다고 해서 출제자들이 100가지 전부를 시험 문제로 만들 수는 없다. 이 중에서도 출제자에게 중요하고 문제를 만들기 쉬운 내용들을 골라 문제로 만드는 것이다. 그리고 문제를 만들 때도 출제자들은 보이지 않는 함정 만들기를 좋아한다. 우리가 출제자의 입장에서 공부할 때 함정에 걸리지 않는 방법을 알 수 있으며 적은 내용을 공부하고도 고득점을 얻게 된다는 것이다.

내가 학교에서 Linear Algebra라는 수학을 들었을 때였다. 내일이 시험이었지만 난 여유가 있었고 옆에 앉은 미국 학생은 시험이 어떻게 나올 지 불안해 하는 모습이었다. 그러다가 우연하게 미국 친구의 수학책을 보게 되었

다. 책에는 온통 중요하다고 하는 부분에는 형광펜으로 밑줄이 그어져 있었고 책에서 별들이 전쟁을 하고 있었다. 난 그 친구를 보면서 한심하다는 생각을 했다. 다음날 시험을 본 결과 난 100점으로 반에서 1등을 했으며 그 친구는 60점대로 날 부러워해야만 했다. 그 이유는 간단했다.

나는 수학 공부를 하면서 교수가 수업 시간에 무엇을 중요시 했는지 가르치는 교수가 되어 수학 공부를 했기 때문이다. 비록 많은 것을 배웠지만 분명 그 중에는 교수가 중요하다고 생각되는 내용이 있었으며 문제 유형이 있었다. 그래서 일차적으로 출제자가 되어 가장 중요한 핵심을 완전히 공부한 다음에 내가 중요하다고 판단되는 부분을 공부하였다. 그렇기 때문에 짧은 시간을 공부하였지만 고득점을 맞을 수 있게 된 것이다. 반면, 미국 친구는 책에 나와 있는 모든 내용을 알려고 했기 때문에 결국 스스로가 공부할 양만 늘리게 되었다. 그러다 보니 많은 양의 공부는 했지만 제대로 아는 것은 없고 결국 비효율적인 공부가 되어 점수가 낮게 나왔던 것이다.

자신은 어떻게 공부하고 있는지 생각해 보라.

많은 학생들은 공부를 한다고 생각하고 있지만 출제자의 입장에서 공부하는 것보다 나와 있는 문제집을 기계처럼 풀어 내기만을 하고 있을 것이다. 이는 단순 반복 작업일 뿐이지 효율적인 공부 방법이 아니다. 이렇게 한다면 아마도 많은 문제집을 푼 학생이 좋은 대학에 입학해야 할 것이다. 생각 없이 문제집만 많이 푸는 것은 시간과 노력을 낭비하는 일이라고 생각한다. 결국 우리가 많은 문제집을 푸는 이유도 출제자의 목적과 의도를 파악하기 위해서다. 똑같은 문제라 할지라도 어떻게 변형이 될 수 있으며 어떤 내용이

강조되는가를 알기 위해서다. 이렇게 공부를 하는 학생은 선택지만 보고도
무슨 문제인지 출제자의 의도를 파악할 수 있게 된다. 그렇기 때문에 반드시
출제자가 되어 자기가 공부한 내용을 점검하고 문제를 예상해 보는 것이 바
람직하다.

열. 할 수 있다는 **자신감**을 갖자

지난 만 2년 동안 미국 유학 생활을 하면서 수많은 난관에 부딪쳐야 했다. 모든 걸 혼자서 고민하고 판단하며 우리나라 말이 아닌 영어로 해결해야 했기 때문에 날 더욱 힘들게 만들었다. 학교에서 많은 과목을 듣고 Math. T.A.와 수학 과외를 병행하면서 College에서 대학으로 편입 준비를 할 때였다. 대학 3학년으로 편입하기 위해 준비를 하려고 했지만 무엇을 어떻게 시작해야 되는지 몰랐다. 그래서 밤늦게 도서관에 도착한 나는 인터넷을 뒤지기 시작했다. 인터넷에는 많은 자료와 정보가 있었지만 영어로 된 모든 것을 읽기에는 너무나 양이 방대했다.

시간이 절대적으로 부족한 나는 한참을 고민한 끝에 유학원에 도움을 요청하기로 했다. 그래서 여기저기 알아보고 난 후 유학원에 전화를 걸어 유학 상담을 했다. 하지만 난 얼마 되지 않아 전화를 끊어야만 했다. 대학으로 편입하기 위한 유학 절차에 드는 비싼 비용 때문이었다. 5개 대학에 지원하는 데 기본 100만원에 하나씩 추가될 때마다 드는 30만원이라는 거금은 돈이 없는 나로서는 그림의 떡이었다. 다시 고민을 하다가 시간은 절대적으로 부족했지만 내 자신을 믿기로 했다. '난 할 수 있어.'

그때부터 본격적으로 대학 편입을 위해 정보 수집에 들어갔다. 일단 계획을 세운 후 내가 가고자 하는 대학과 학과를 결정했다. 모든 게 결정되자 일은 한결 수월해지는 듯 했지만 문제는 그때부터였다. 혼자서 원하는 대학에 들어가 정보 수집을 하려고 하니 모든 게 영어로 되어 있었고 읽어야 할 자료가 너무 많았다. 또한 학교마다 입학 조건이 조금씩 달랐기에 정보를 찾는 나로서는 신중해야 했다. 학교 공부만으로도 영어가 싫었지만 울며 겨자 먹기로 그 많은 걸 읽고 추려내야 했다. 그러는 사이 영어 독해 실력이 엄청나게 늘고 내가 원하는 정보를 수집할 수 있게 되었다.

그리고 8개 대학(University of Washington - Seattle, University of California - Berkeley, LA, Sandiego, Irvine, University of Pennsylvania, University of Illinois - Urbana Champaign, University of Wisconsin - Madison)과 세 가지 전공(Computer Science, Computer Engineering, Management Information System)으로 지원하게 됐다. 그 결과 University of Washington, Seattle과 University of California, Irvine에 합격할 수 있었다. 내게 만약 '할 수 있다' 라는 자신감이 없었다면 결코 대학에 합격할 수 없었을 것이다.

난 지금도 자주 거울을 보며 내 자신을 세뇌시키고 있다. "이은승, 넌 잘할 수 있어." 이 말 한마디는 내 자신에게 보이지 않는 자신감을 주었으며 혼자서도 모든 일을 잘해 낼 수 있게 만드는 원동력이 되었다. 모든 우등생은 자기 세뇌를 통해 할 수 있다는 자신감을 가지고 있다고 한다. 보이지 않는 이런 자신감을 통해 남보다 더 잘할 수 있으며, 안 될 일도 잘해 내게 된다.

4 공부 고수 되기

4

To be the master of study

공부 고수가 되기 위한 순서

 여러분이 우등생의 십계명을 읽고 어떤 생각을 했는가 묻고 싶다. 공부라는 것은 머리만 좋다고 해서 전부 다 잘하는 것은 아니다. 보이지 않는 노력과 올바른 공부 방법으로 할 때 비르소 우등생이 될 수 있는 것이다. 이제부터라도 우등생이 되는 십계명을 알았다면 어떻게 공부해야 할 것인지 공부 비법을 구체적으로 알아야 할 것이다.

공부 비법이란 공부하는 기술을 의미한다. 즉 공부하는 데 요령이 필요하다는 것이다. 공부하는 기술과 요령을 아는 사람은 남보다 빨리 공부라는 것을 마스터 할 수 있다. 고등학교 3년이라는 시간은 어느 누구에게나 다 똑같다. 하지만 같은 시간이라도 어떻게 시간을 지배하고 공부하는 기술과 요령을 쓰느냐에 따라 차이가 생기기 마련이다. 따라서 우리는 우등생이 되는 십계명을 알고 공부하는 기술과 요령을 익힌다면 공부라는 것이 결코 어렵지 않음을 알 것이다.

1. 재료 준비하기
2. 주제 생각하기
3. 밑그림 그리기
4. 철사로 뼈대 만들기
5. 뼈대에 점토 붙이기
6. 대강 완성 후 세부적인 모양 만들기
7. 그늘에 말린 후 색칠하기
8. 작품 감상하기

공부하는 요령 중에 하나는 그 순서를 알아야 한다는 것이다. 쉽게 이야기 하면 미술 시간에 점토를 이용해 사람을 만드는 작업과도 똑같다. 아마 대부분의 학생들은 중·고등학교 미술 시간에 점토를 이용해 사람을 만들어 보았을 것이다.

점토를 이용해 사람을 만든다면 '재료 준비하기 → 주제 생각하기 → 밑그림 그리기 → 철사로 뼈대 만들기 → 뼈대에 점토 붙이기 → 대강 완성 후 세부적인 모양 만들기 → 그늘에 말린 후 색칠하기 → 작품 감상하기' 순서에 따라 사람을 만들어 나갈 것이다. 만약 어느 한 과정이 엉키고 잘못된다면 자신이 원하는 작품을 짧은 시간 안에 만들어내기 힘들 것이다.

공부라는 것도 결국 점토로 사람을 만드는 것과 같은 작업이다. 공부하는 것에도 순서라는 것이 있다. 순서 없이 공부하는 학생은 시간을 지배할 줄 모르며 시간과 노력을 낭비하게 된다. 그렇기 때문

에 먼저 공부하는 순서를 익히는 것이 바람직하며 어떤 순서로 공부해야 하
는지 점토로 사람 만들기와 비교해서 알아보자.

1. 재료 준비하기 ↔ 좋은 참고서와 문제집 준비하기

점토로 사람을 만들고 싶다면 점토라는 재료가 있어야 할 것이며 그 밖에 사람을 만들기 위한 여러 가지 준비물을 마련해야 될 것이다. 이러한 준비 없이는 원하는 작품을 만들어내지 못한다. 공부에서도 좋은 성적을 얻고자 한다면 교과서와 참고서를 비롯한 여러 가지 좋은 문제집을 준비해야 할 것이다. 그리고 나서 이런 책들을 공부할 때 비로소 좋은 성적이 나올 수 있다.

2. 주제 생각하기 ↔ 공부하는 목표 세우기

모든 작품에는 주제라는 것이 있다. 작품을 만들 때 주제라는 작가의 생각이 반영되지 않고 만들어지는 작품은 없다. 사람을 만들기로 했다면 무슨 사람을 어떻게 만들 것인지 자신만의 주제를 생각해야 할 것이다. 이는 공부에서는 무엇을 어떻게 공부를 할 것인가 목표를 세우는 것과 마찬가지다. 자신의 목표가 확실해야 공부하는 동기를 부여하게 되며 그 목표를 이루고자 노력할 수 있다.

3. 밑그림 그리기 ↔ 계획 세우기

이제 자신이 만들고자 하는 작품의 주제를 생각했다면 이를 그림이라는 것으로 시각화해야 한다. 이는 더욱 구체적으로 자신의 생각과 작품을 만들어내는 데 도움을 주기 때문이다. 이는 공부에 있어서는 계획 세우기에 해당되는 말이다. 좋은 계획이 있는 학생만이 우등생이 될 수 있다고 우등생 십계명에서 언급한 바 있다. 계획 없는 공부란 없으며 목적 없는 계획은 없다. 자신의 목표가 설정되었다면 보다 구체적인 계획을 통해 그 목표를 이룰 수 있도록 해야 한다.

4. 철사로 뼈대 만들기 ↔ 기본기 다지기

점토로 사람을 만들 때 쓰러지지 않으려면 무엇보다 철사로 뼈대를 만드는 것이 중

요하다. 뼈대가 없으면 사람의 형체가 만
들어질 수 없기 때문이다. 뿐만 아니라 높
이 올라가는 건축물일수록 기본 뼈대가
되는 철재 구조물이 중요하다. 공부 역시
마찬가지다. 공부를 할 때 무엇보다 기본
뼈대인 이론과 공식을 잘 이해하고 암기
하는 자세가 중요하다. 이런 기본 지식 없
이 문제집부터 푸는 학생은 절대 공부를
잘할 수 없다.

5. 점토로 뼈대에 살 붙이기
↔ 부과적인 공부하기

철사르 만들고자 하는 사람의 기본 뼈대
를 만들었다면 보다 구체적인 사람 형상
을 위해 점토라는 살을 뼈대에 붙여야 할
것이다. 공부를 잘하는 사람은 기본 지식
을 완전히 마스터 한 다음 점차 공부하는
질과 양을 늘려간다. 기본 지식만으로는
고득점을 맞기 힘들기 때문이다. 그렇기
때문에 자신이 기본 지식을 정확히 이해
하고 암기했다면 응용을 위해 문제집과
참고서를 통해 부과적으로 살을 붙여나가
는 공부를 해야 할 것이다.

6. 대강 완성 후 세부적인 모양 만들기 ↔ 취약점 보완 및 공략하기

점토를 붙여 나갈 때 처음부터 완벽하게 사람의 모습을 만들어 나갈 수는 없다. 만약 처음부터 구체적인 사람 형상을 만들고자 한다면 결국 이상한 형태로 만들어질 것이다. 그래서 무엇보다 전체적인 사람의 모양을 만든 후, 필요한 부분을 세부적으로 만들어 나가는 것이 필요하다. 공부 역시 자신이 공부할 분량과 시간이 정해졌다면 전체적으로 한 번 공부하는 것이 중요하다. 그리고 나서 자신이 이해하지 못했거나 실수를 많이 하는 취약점을 찾아 그 부분을 먼저 보완하도록 해야 한다.

7. 그늘에 말린 후 색칠하기 ↔ 정리하기

점토로 사람을 다 만들었다면 그늘에 말리는 작업도 중요하다. 그늘에 어떻게 말리느냐에 따라 작품의 완성도가 결정되기 때문이다. 보다 좋은 작품을 위해 색칠도 예쁘게 할 것이다. 공부에서는 이는 정리에 해당되는 작업이다. 전체적인 공부가 끝나고 자신의 취약점을 파악했다면 이를 반드시 정리하는 것이 필요하다. 이러한 정리는 취약점을 보완하고 자신이 공부한 것을 보다 잘 이해하고 암기하는 데 많은 도움을 준다.

8. 작품 감상하기 ↔ 평가 및 반성하기

마지막 단계로 점토를 이용해 자신이 생각한 멋진 사람을 만들었다면 작품에 대한 감상을 할 것이다. 작품 감상을 하면서 자신이 만들었던 과정을 다시 한 번 생각하고 스스로를 칭찬하거나 비판할 것이다. 이 단계는 공부에서는 점수로 나온다는 것과 같다. 우리는 점수라는 것을 통해 자신이 어떻게 공부했는지 평가 받게 된다.
이런 평가를 통해 스스로에게 성취감을 부여하거나 다음에 더 잘하기 위한 계기로 생각하게 될 것이다. 또한 이런 평가를 통해 자신의 잘못된 점을 찾아 보완할 때 더 좋은 성적이 나오게 될 것이다.

지금까지 점토로 사람을 만드는 과정과 공부를 하는 과정을 비교·설명해 봤다. 많은 학생들이 공부를 할 때 이런 순서에 따르겠지만 공부하는 순서를 무시하거나 잘 알지 못하고 막무가내로 공부하는 학생들도 있다.

모든 일에는 순서와 방법이라는 것이 있다. 이는 너무나도 당연한 것처럼 생각되지만 보이지 않는 것이 결국 우등생과 열등생으로 만드는 요인이 될 수 있다. 따라서 공부를 잘하고 싶은 학생은 이 순서에 따라 열심히 공부할 수 있도록 해야 할 것이다.

공부 고수가 되는 지름길

 여러분이 앞에서 어떤 순서에 의해 공부를 해야 되는지 알았다면 좀더 구체적인 공부 기술이 필요하다. 순서만 따른다고 해서 공부가 쉽게 정복되는 것이 아니기 때문이다.

이제부터 소개할 방법들은 지금까지 공부라는 것을 하면서 다른 방법도 많이 따라 해보며 익히고 나름대로 만든 방법들이다. 그렇기 때문에 이 방법들이 100% 효과가 있다고 장담은 못 하지만 공부하는 학생에게 많은 도움을 줄 것이라는 것은 믿어 의심치 않는다. 무엇보다 이런 방법들을 참고하여 자신만의 공부 방법을 찾고 만드는 것이 중요하다는 것을 알아야 한다. 그렇다면 이제부터 구체적인 공부 기술과 방법에 대해 이야기해 보겠다.

집중 속독하기

대부분 학생들이 가장 많이 가지고 있는 걱정 중에 하나가 정해진 시간 안에 해야 될 공부가 너무 많다는 것이다. 공부를 하다 보면 이것저것 해야 될 것이 많고 걱정이 앞서 스트레스만 받게 된다. 예를 들어 수학을 공부하다 보면 영어가 걱정되고, 영어를 공부하다 보면 국어가 걱정되어 결국 스트레스만 받고 공부는 하나도 못 하게 된다. 그렇기 때문에 정해진 시간 안에 많은 공부를 하기 위해서는 스피드라는 속독이 필요하다. 하지만 스피드가 전부는 아니다. 그래서 여기에 하나 더 추가하고 싶은 게 있다면 집중이라는 것이다. 그냥 속독하는 것과 집중해서 속독하는 것의 차이는 엄청나게 크다. 따라서 집중 속독을 할 수 있도록 해야 할 것이다.

먼저 집중력이란 말에 대해 생각해 보자. '집중력' 이란 '어떤 사물에 대하여 정신을 집중시키는 힘이나 집중시킬 수 있는 힘' 이라고 정의되어 있다. 쉽게 예를 들어 설명하자면, 사람이 많은 시끄러운 버스 안에서 자기가 좋아하는 만화책을 읽는다고 생각해 보라. 아무리 사람이 많고 시끄럽다고 할지라도 자기가 읽고 싶은 만화책을 본다면 만화책 외에 다른 생각을 할 수 없을 것이다. 즉 만화책에 몰입(沒入)되어 우리는 내려야 할 버스 정류장도 그냥 지나친 채 정신 없이 만화책을 읽게 될 것이다.

또한 여러 사람들이 가장 즐겨 하는 컴퓨터 오락 게임인 스타 크래프트는 어떠한가? 내가 처음 이 게임을 할 때 거의 무아지경(無我之境)이 되어 날을 새기가 일쑤였다.

한 번은 오후 10시부터 시작해 '조금만 더 하자' 고 한 것이 어느덧 시계바늘이 새벽 6시를 가리키고 있었다. 피곤함도 잊은 채 오락 게임을 하는데 갑자기 아버지께서 내 방문을 열고 들어오셨다. 깜짝 놀라면서 순간 당황했지만 난 얼른 꾀를 냈다. 마치 어느 영화의 한 장면처럼….

　아버지 : "잠 안 자고 뭐 하냐?"
　은승 : "이제 방금 막 일어났는데요. ㅡ.ㅡ+"

　나는 이 말을 하고 한동안 죄책감에 시달려야만 했었다. 이런 상황에 이르게까지 만드는 게 바로 '집중력'이라는 것이다. 여러분도 한번쯤은 이러한 경험이 있을 것이라 생각한다. 하지만 우리는 만화책이나 오락이 아닌 공부에 대해 이런 집중력을 갖도록 해야 할 것이다. 이를 위해 우리는 공부라는 것과 친해질 필요가 있다.

　다음으로 속독에 대해 알아보면 '속독(速讀)'이란 글을 빨리 읽는 것을 말한다. 여러분은 옛날 서당에서 천자문을 읽는 것처럼 하나씩 읽고 이해하고 있지 않는지 생각해 보라. 현대는 정보화 시대로 변화되고 있음에 따라 하루에도 수많은 정보와 지식들이 쏟아져 나오고 있다. 그래서 옛날에는 'Know-how' 라는 말이 유행했지만 지금은 'Know-where' 라는 말이 더 중요시 되고 있다. 즉 수많은 정보와 지식이 어디에 있는지 빨리 찾아내고 이용하느냐에 따라 일과 공부의 성패가 좌우된다. 그렇기 때문에 우리에게 요구되는 것은 스피드를 이용한 속독법이다.

　내 경우 몇 종류의 책을 제외하고 두세 시간 안에 모든 책을 읽어 낼 수 있다. 뿐만 아니라 영어 원서까지 두세 시간 안에 독파한 적도 있다. 이렇게 책을 읽어 낼 수 있는 가장 큰 요인은 속독법을 익혔기 때문이다. 내 경우는 속독 학원을 다녀 후천적으로 능력이 개발된 경우지만 학원을 다니지 않고도 속독법 개발은 가능하다. 학원을 3개월간 다닌 결과 개인적으로 속독법을 익힌 후 혼자서 속독법을 연마하고 익히게 되어 모든 책들을 빠르게 읽어 낼 수 있었다. 하지만 단점은 이해력만큼은 속독법이 해결해 줄 수 없다는 것이

속독에 관한 방법(두산 세계 백과 사전 참조)

① 집중력 개발 : 정신을 고도로 집중할 수 있는 상태의 훈련, 즉 인간의 뇌파를 β파 상태에서 α파 상태로 낮추어 글을 읽고 이해하게 한다.

② 시폭의 확대 개발 : 망막 후면의 시세포 중 황반부 주변에 있는 막대 모양의 시세포인 간상세포를 개발하여 동시에 많은 활자를 눈으로 받아들이도록 한다.

③ 시지각능력의 개발 : 황반부의 추상세포를 개발하여 많은 활자를 지각할 수 있도록 한다. 즉 눈으로 활자를 보는 순간, 뇌에서 판독작용이 일어나게 하는 목독의 훈련이다.

④ 뇌 기능의 활성화 : 인간의 뇌세포 중 지금까지 사용하지 않던 뇌세포에 자극을 주어 새로운 회로를 형성, 많은 정보를 빠른 시간 안에 동시 처리하도록 한다.

⑤ 이해능력의 개발육성 : 지금까지 읽고 이해하던 방법이 아니라 눈에서 받아들인 활자의 자극을 뇌에서 순간적으로 과거기억을 상기시켜 비교·분석한 후 이해하는 능력의 개발을 위한 훈련이다.

이상의 각 개발단계가 과학적으로 연구된 훈련교재에 의하여 속독기능을 익히게 되는데, 그 교재는 영어 속독·한글 속독에 따라서 또는 횡서·종서에 따라 달라진다.

다. 이 부분에 있어서는 나중에 자세히 언급하도록 하겠다.

　속독법에 관해 더 자세하게 알고 싶다면 시중에 판매되는 책들을 읽어보라. 여기에 언급된 것처럼 속독을 하기 위해 가장 필요한 조건은 집중력을 먼저 키우는 것이다. 글만 빨리 읽게 되면 읽고 나서 남는 게 없다. 하지만 집중해서 속독을 하게 되면 짧은 시간 안에 많은 것을 읽고 정확한 내용을 알 수 있게 된다. 이것이 바로 집중 속독이라는 것이다. 공부를 잘하고 싶은 학생이 있다면 무엇보다 집중 속독을 할 수 있도록 해야 할 것이다.

언더라인 및 이니셜 기법 사용하기

　이제 여러분이 집중 속독법을 알았다면 무엇보다 원하는 책을 빨리 읽어내는 능력을 향상시켜야 한다. 하지만 사람이기에 집중 속독법도 하다 보면 필요한 정보를 놓치는 경우가 많다. 그래서 우리에게 필요한 것은 집중 속독을 하면서 중요한 핵심 내용에 표시를 해두는 것이다. 너무 많은 책들을 이런 표시 없이 읽다 보면 자신이 필요로 할 때 어디에 있는지 찾아내기란 쉬운 일이 아니기 때문이다. 다시 찾는 시간과 노력을 낭비하기 싫다면 우리는 필요할 때마다 표시를 하는 습관을 만들어야 한다. 그래서 이런 표시를 하는 방법으로 언더라인 기법과 이니셜 기법을 소개하고자 한다. 이러한 방법들을 이용해 자신이 중요하다고 판단되는 부분이나 필요에 따라 언더라인 기법과 이니셜 기법으로 표시를 해두는 것이 좋다.

언더라인 기법

몇 해 전 어느 학원 강사가 '밑줄 쫙'이란 말로 유행어를 만든 적이 있다. 언더라인(Underline) 기법이란 바로 이 말처럼 중요한 핵심 사항에 밑줄을 '쫙~' 긋는 것을 말한다. 앞에서 언급했듯이 뛰어난 학생이라도 아무런 표시 없이 책을 읽다 보면 자기가 중요하다고 생각했던 부분을 빨리 찾아내기란 어려운 일이다. 그래서 필요한 부분에 언더라인을 긋는 것이 효과적이다. 어떤 사람은 삼색(빨강, 파랑, 녹색)을 써서 밑줄을 긋는 것이 보다 효과적이라 한다. 물론 색깔을 달리하고 의미하는 바를 다르게 하여 밑줄을 긋는다면 단색보다 좀더 효과가 있을지 모른다. 하지만 내 경험상 삼색을 쓰다 보니 여러 모로 귀찮고 나중에 가서는 어떤 색이 무엇을 의미하는지 혼동하게 되었다. 그래서 샤프를 이용한 단색으로만 밑줄을 긋게 되었다. 이 때 가장 중요한 것은 책을 전체적으로 한 번 다 읽은 뒤 두 번째 읽을 때부터 언더라인 기법을 쓰는 것이다. 처음부터 이 방법을 쓰게 되면 하나부터 열까지 전부다 중요한 것처럼 생각되어 밑줄을 긋기 때문이다. 일단 중요한 핵심 사항을 파악하고 난 뒤, 필요에 따라 밑줄을 긋는 습관을 만들도록 하자.

이니셜 기법

책을 읽으면서 밑줄을 긋다 보면 밑줄 친 내용이 무엇을 의미하는지 모르는 경우가 발생한다. 이 경우 다시 밑줄을 친 부분을 읽고 정리를 할 수도 있지만 이렇게 되면 이중작업이 되어 시간과 노력을 낭비하게 된다. 그래서 내가 생각해낸 방법이 이니셜(Initial) 기법이다. 이니셜이란 어떤 단어의 첫 글자를 의미한다. 즉 자신이 원하는 단어의 첫 글자를 따서 필요한 곳에 이니셜만 적어 놓는 방법이다. 내 경우에는 중요하다 싶으면 I(Important), 노트에 반드시 정리를 해야 할 게 있으면 N(Note), 암기를 해야 될 것은 M(Memory), 시험에 꼭 나올 문제는 T(Test), 그 밖에 필요에 따라 나만의 영어 이니셜을 노트나 책에 표시해둔다. 이렇게 자신이 원하는 이니셜을 쓰기 때문에 다른 사람이 보더라도 잘 알지 못하게 된다. 공부하는 학생들 대부분은 자신이 어떻게 공부하고 있는지 남들에게 보여주기 싫어하는 경향이 있다. 이런 면에 있어서 자신만의 이니셜로 책이나 노트에 표시를 해두면 좋은 방법이 될 것이다.

요약 및 정리 노트 만들기

이제 언더라인과 이니셜 기법을 익혔다면 그 다음으로 해야 될 작업이 자신만의 요약 및 정리 노트를 만드는 것이다. 많은 학생들이 공부를 하다 보면 언더라인이나 이니셜 기법까지는 잘 따라 한다. 그리고 이러한 방법을 쓰면서 '반드시 다음에 다시 공부해야지' 라는 생각을 한다. 하지만 대부분의 학생들은 책을 읽고 표시를 할 때만 이런 생각을 하고 책을 덮고 나서는 두 번 다시 보지 않게 된다. 혹시 본다고 하더라도 어디에 있는지 찾기가 쉽지 않기에 언더라인과 이니셜 기법에 이어 또 하나 소개해 주는 방법이 노트 이용법이다. 우등생 중에는 정리를 잘하는 학생들이 많이 있다. 이런 정리가 필요한 이유는 이해하고 암기하는 데 보다 효과적이며 많은 시간과 노력을 절약할 수 있기 때문이다. 그렇지만 정리란 말은 한번쯤 생각해 볼 필요가 있다. 정리라고 해서 그냥 나와 있는 것을 카피하라는 것이 아니다. 잘못된 정리 방법은 오히려 공부에 방해가 되며 시간과 노력을 낭비하게 만든다. 그래서 정리를 어떻게 하고 노트를 만들어 나가는지 아는 것이 중요하다.

자신에게 가장 중요하고 알아야 하는 것들에 대해서만 적어라

우리는 이미 앞에서 어떻게 중요한 핵심을 파악하는 지에 대해서 배웠다. 언더라인 기법이나 이니셜 기법으로 책을 읽으면서 중요한 핵심 사항을 찾아냈다면 이 중에서 우선 순위를 부여해 가장 중요한 것부터 노트를 만들어 나가는 것이 좋다.

즉 책을 전체적으로 한 번 읽는다. → 언더라인이나 이니셜 기법으로 책에 표시를 한다. → 표시해 둔 것을 바탕으로 다시 한 번 읽어본다. → 우선 순위를 부여하며 요약 및 정리 노트를 만든다.

자신의 언어로 정리를 하고 예나 설명을 적도록 하라

우리가 노트를 만들어 나갈 때 모든 내용을 그대로 적을 필요는 없다. 무엇보다 자신이 이해를 먼저 하고 자신만의 언어로 노트에 정리하는 게 중요하다. 필요하다면 설명된 부분을 압축해서 짧고 간결하게 적는 것도 좋다.

그냥 보고 쓰는 것은 정리가 아니라 카피임을 알아야 한다. 또한 이론이나 공식에 관련된 중요한 예제는 필요에 따라 적는 것이 좋다. 이러한 예제와 설명은 나중에 다시 노트를 보더라도 쉽고 정확하게 이해하고 암기하는 데 많은 도움을 준다.

절대 남한테 보이기 위해 만들지 마라

요약 및 정리 노트를 만드는 이유도 결국 자신의 공부에 도움이 되기 위해 만드는 것이라 했다. 하지만 많은 학생들이 노트를 만들다 보면 자신보다는 남에게 보이기 위해 만드는 경우가 발생한다. 그래서 필요 이상으로 형형색색의 펜을 써가며 만들다 보면 결국 시간과 노력 낭비라 할 수 있다. 물론 자신에게 도움이 된다면 좋겠지만 나중에 이렇게 노트를 만들다 보면 공부를 하기 위해 노트를 만드는 것인지, 노트를 만들기 위해 공부를 하는 것인지 주객이 바뀔 수 있음을 알아야 한다. 또한 처음부터 요약 및 정리 노트를 완벽하게 만들려는 발상은 위험하다. 공부를 하면서 필요에 따라 조금씩 살을 붙여 나가는 중요하다.

암기 노트는 자신에게 맞는 노트를 사용하라

사람마다 취향이 다르기 때문에 요약 및 정리 노트를 선택하는 데 있어서도 다양할 것이다. 그렇지만 대학 노트처럼 두꺼운 노트와 수첩 같은 작은 노트는 피하라고 말하고 싶다. 노트는 무엇보다 자신이 공부한 것을 정리하고 다시 볼 수 있는 것이 중요하다. 그래서 적당한 크기에 자신이 원하는 스타일의 노트를 선택하는 것이 좋다. 자신에게 유익하고 필요한 정보를 정리할 수 있도록 하며 반복해서 볼 수 있는 노트를 만들도록 하자.

나름대로 필기 방법을 만드는 것이 좋다

노트 필기법에는 정해진 양식이라는 것이 없다. 사람의 취향과 성격에 따라 단드는 방법이 다르기 때문이다. 어떤 사람은 차례대로 만들며 어떤 사람은 뒤죽박죽 만들기도 한다. 내 경험상 처음 공부할 때는 순서에 따라 정리해 나갔지만 시간이 지나면서 점차 뒤죽박죽 되었다. 어떤 필기 방법이든 자신이 공부하기에 별 불편함 없이 만드는 것이 좋다. 또한 자신이 컴퓨터에 익숙하다면 워드 프로그램을 이용하여 정리하는 것도 또 다른 방법이 될 수 있다. 자신이 잘할 수 있고 많은 도움을 받는 노트 필기법이 가장 좋은 방법이다. 우리가 요약 및 정리 노트를 만드는 이유도 암기하는 데 도움을 받고 중요 핵심 내용을 빨리 찾아 복습하는 데 있음을 알아야 한다.

마지막으로 요약 및 정리 노트를 만들면서 명심해야 할 사항은 노트를 만드는 데 의의를 두어서는 안 된다는 점이다. 결국 노트를 만드는 목적도 공부에 도움이 되기 위해 만든다는 데 있음을 잊지 말자. 많은 시간과 노력을 빼앗긴다면 자신의 방법에 잘못된 점이 없는지 생각해 보고 필요에 따라 수정할 수 있도록 하자.

무조건 처음부터 노트를 만드는 것보다 공부하면서 필요에 따라 노트를 만드는 것이 더욱 효과적으로 공부하는 데 도움을 준다.

초 암기법으로 빨리 외우기

이제 요약 및 정리 노트를 만들게 되었다면 다음 단계인 초(超) 암기법을 이용해 정리된 내용을 빨리 암기하는 것이 필요하다. 하지만 이 방법을 사용하기 전에 무엇보다 중요한 것은 공부한 것에 대한 이해가 선행되어야 한다는 것이다. 이해가 되지 않는 암기는 오래 지속될 수 없다. 이 점을 알고 초 암기법을 이용해 짧은 시간 안에 많은 것을 외울 수 있도록 하자.

우리가 책을 읽으면서 밑줄을 긋고 노트를 만든 것은 이해를 바탕으로 암기를 잘하기 위해서다. 그렇다면 어떻게 암기를 하는 것이 짧은 시간 안에 많은 것을 외울 수 있을까?

스크린 기억법

스크린이라는 말은 '화면'이라는 뜻이다. 이 스크린 기억법은 고도의 집중을 통해 외우고자 하는 단어를 통째로 스크린에 비추고 이를 암기한다는 것이다. 이 방법은 처음부터 쉽게 되는 방법이 아니기 때문에 어느 정도 시간과 인내심을 가지고 훈련을 해야 한다. 하지만 훈련을 통하여 이 방법에 익숙해진다면 암기에 있어서는 어느 누구보다 잘하게 될 것이며 공부에 많은 자신감을 가지게 될 것이다.

이 방법을 이용하기 위해서는 무엇보다 고도의 집중력이 요구된다. 이를 위해 우선 조용하게 집중할 수 있는 공간을 마련하도록 하자. 그리고 조용한 공간에서 눈을 크게 뜨고 벽에 한 점을 뚫어지게 응시한다. 이 때는 모든 잡념을 버리고 오직 집중을 한다는 생각으로 벽에 한 점을 바라보는 것이 중요하다. 바라보면서 될 수 있는 한 눈을 깜박거리지 않고 오랫동안 응시할 수 있어야 한다. 이렇게 시간과 인내를 가지고 벽에 한 점을 뚫어지게 쳐다볼 때 응시하는 한 점이 점점 더 확대되어 갈 것이다. 이렇게 하나의 점이 확대되다 보면 나중에는 영화 스크린처럼 크게 확대된다. 이게 바로 집중력으로 만든 스크린이라 할 수 있다.

이렇게 집중력으로 스크린을 만든 후 외우고자 하는 것을 다시 한 번 뚫어지게 쳐다보자. 그러면 마치 스캐너(Scanner)처럼 통째로 스크린에 옮겨져 외우게 된다. 하지만 이 방법은 절대 쉽게 되는 것이 아니라 했다. 말했듯이 시간과 인내를 가지고 고도의 집중력을 향상시킨 다음 내공이 쌓이고 나서야 스크린 기억법을 잘 이용할 수 있다. 이 방법을 쓰면 많은 것들을 짧은 시간에 외울 수 있다. 그렇지만 스크린 기억법으로 한 번만 외우는 것은 별 효과가 없다. 그래서 여러 번 일정한 시간으로 짧게 암기하는 것이 좋다. 그러면 짧은 시간에 외운 것들을 오랫동안 기억할 수 있게 된다.

스크린 기억법에 익숙해진 사람은 나중에 장소에 관계없이 벽을 응시하지 않고도 이 방법을 이용해 암기를 잘할 수 있게 된다. 처음에는 스크린을 인위적으로 만들어서 외워야 하지만 쓰면 쓸수록 자연스러운 집중 스크린을 만들 수 있게 된다. 그래서 공간에 상관없이 짧은 시간에 원하는 것을 외울 수 있다. 다시 한 번 강조하는 것은 이는 암기를 짧은 시간에 하는 방법일 뿐, 기억을 오랫동안 저장시키는 방법이 아니라는 것이다. 영어 속담에 "Easy come, easy go(쉽게 얻으면 쉽게 없어진다)."는 말이 있듯이 여러분이 오랫동안 기억하고 싶다면 일정한 시간으로 여러 번 스크린 기억법을 이용하는 것이 중요하다.

이는 에빙하우스의 망각 곡선을 나타내는 그래프로서 우리가 얼마나 빨리 외운 것을 잊게 되는지 알게 된다. 하지만 스크린 암기법을 통하여 짧은 시간에 일정한 간격으로 여러 번 외운다면 기억의 망각 곡선은 감소 그래프에서 일정하게 유지되는 상수 그래프로 바뀌게 될 것이다.

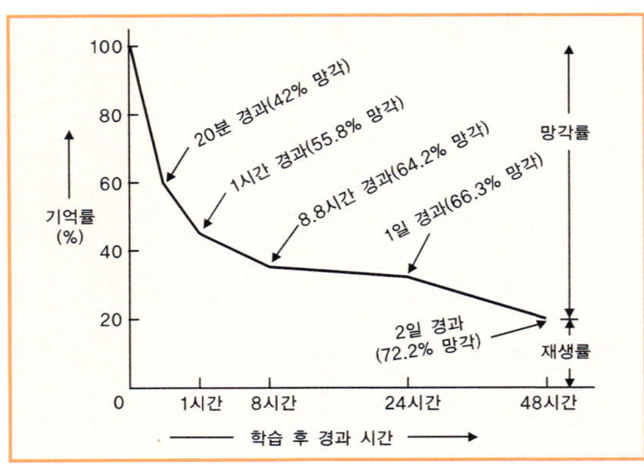

이렇게 암기를 하고 났다면 마지막으로 반드시 점검만은 쓰면서 체크할 수 있도록 하자. 이렇게 쓰면서 점검을 하게 될 때 자신의 실수와 문제점을 발견할 수 있게 되고 외운 것을 정확히 알 수 있게 된다.

해마 기억법

인간의 뇌에는 바닷속에 사는 해마와 비슷한 모양으로 생긴 해마라는 것이 있다. 이 해마라는 것은 학습과 기억을 담당하며 입체 공간과 감성을 느끼게 되면 자극을 받게 된다고 한다. 이러한 자극이 많을수록 기억력과 창의력이 향상되어 학습에 많은 효과가 있다고 한다. 뇌를 연구하는 과학자들에 따르면 해마는 기억을 저장하는 장소는 아니지만 새로운 기억을 저장하기 위해 반드시 거쳐가는 영역이라 한다. 그래서 이 부분이 자극되면 짧은 시간에 많은 것들을 오랫동안 기억할 수 있다고 한다. 그렇기 때문에 우리는 이런 해마를 자극해서 우리의 기억에 많은 도움을 받도록 해야 할 것이다. 해마를 자극하는 방법에는 감성, 연상, 스토리, 이미지, 스피드를 이용한 방법이 있다.

감성 이용법

우리는 정보를 받아들일 때 시각, 청각 등 오관을 이용하게 된다. 하지만 이 오관을 통해 들어오는 정보는 거의 기억되지 않고 사라져 버린다고 한다. 하지만 우리가 감성이라는 것을 이용한다면 뇌 속에 있는 해마를 자극하여 오랫동안 기억되게 만들 수 있다. 감성이란 대상으로부터 감각되고 지각되어 표상(表象)을 형성하게 되는 인간의 인식 능력을 말한다. 자신이 외우고자 하는 것을 자신의 일이나 경험에 연결되게 상상을 하면서 감성을 자극시키는 방법이다. 여러 가지 자신의 일이나 경험에 연관되게 상상을 하기 때문에 어려운 일이 아닐 것이다. 이런 상상을 통해 자신의 감성을 충분히 자극시키면 해마 또한 자극되어 기억에 많은 도움을 주게 된다.

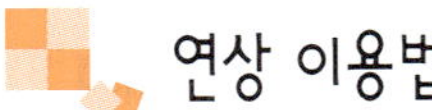

연상 이용법

연상이라는 말은 어떤 사물을 보거나 듣거나 생각할 때, 그와 관련된 여러 가지를 동시에 생각하는 것을 말한다. 이는 나중에 영어 단어 암기법에서 가지치기나 꼬리를 무는 기억법과 비슷한 방법이다. 연상이라는 것은 일단 한 가지 기억을 하게 되면 다른 기억들이 체인(Chain)처럼 연달아서 떠오르게 된다는 것이다. 이를 체인 및 도미노 작용이라 한다. 해마라는 것은 연상 작용에 의해 많은 자극을 받는다. 그래서 연상 작용에 의해 해마를 자극시키면 체인 및 도미노 효과를 보게 되어 기억에 많은 도움을 받을 수 있다.

스토리 이용법

어떤 문장을 외울 때 단순히 그 문장만을 외우려 한다면 우리의 뇌는 쉽게 받아들이려 하지 않을 것이다. 많은 학생들이 영어 단어를 외울 때 무조건 생각 없이 연습장에 쓰는 경우가 있지만 이는 암기하는데 전혀 도움이 되지 않는다. 이러한 암기는 자신에게 흥미와 재미를 불러일으키지 못하고 우리 뇌에 스트레스만 주는 현상을 일으키게 된다. 그래서 무엇보다 기억에 오래 남기 위해서는 흥미와 재미를 위해 스스로 외우고자 하는 것에 스토리를 만들어 가는 것이 중요하다. 스토리를 만들다 보면 재미를 느끼게 되고 이 과정에서 창의력이 계발될 수 있다. 또한 이야기를 통해 기억하기 때문에 오랫동안 기억을 할 수 있게 된다.

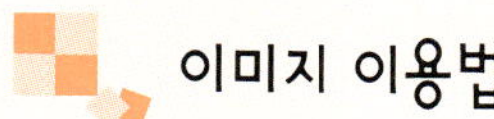 이미지 이용법

뇌가 기억을 잘하기 위한 방법으로 그림이라는 이미지를 이용하는 것이 가장 효과적이다. 어떤 연구에 의하면 이미지가 가지는 기억의 효과는 문자보다 무려 10배 이상이라는 발표가 있다. 이러한 이미지는 기억에 많은 도움이 될 뿐만 아니라 해마를 자극시키는 좋은 역할을 한다. 소풍이라는 단어에 대해 생각할 때 우리는 무엇보다 소풍 갔던 장소라는 이미지를 먼저 떠올릴 것이다. 이처럼 우리의 기억 장치는 이미지에 민감하여 효과적으로 기억할 수 있다. 그래서 자신이 외우고자 하는 것이 있다면 이미지 형태로 해마를 자극하여 기억 장치에 입력하는 것이 좋다.

스피드 이용법

하나를 붙잡고 오랫동안 외우는 것은 어리석은 방법이다. 우리의 뇌는 기억에 한계가 있기 때문에 하나를 오랫동안 암기하는 것과 한 번만 암기하는 것은 절대 도움이 되지 않는다. 그래서 우리는 스피드를 이용해 암기한 것을 일정한 시간으로 여러 번 암기하는 것이 효과적이다. 이런 스피드는 해마를 보다 자극시켜 메모리에 이펙트를 가하게 되어 기억에 오래 남게 되는 것이다. 이를 메모리 이펙트(Memory Effect)라 한다.

지금까지 다섯 가지 방법을 통해 우리 뇌에 있는 해마를 자극하는 방법에 대해 알아봤다. 이처럼 우리가 다섯 가지 방법으로 해마를 자극시킨다면 짧은 시간에 많은 양을 오랫동안 기억할 수 있을 것이다.

[http://www.haema.com]

문제를 통한 이해력과 응용력 높이기

모든 암기는 이해가 바탕이 되어야 한다고 앞에서 언급했다. 이해를 하는 것이 암기의 가장 중요한 방법이요, 그 밖에 우리는 초 학습법인 스크린 기억법과 해마 기억법을 이용하여 짧은 시간에 많은 것을 암기할 수 있다고 했다. 여러분이 공부를 잘하고 싶다면 이해와 암기는 절대적으로 필요한 것이다. 그래서 기본적으로 이해와 암기가 끝났다면 이를 바탕으로 이해력과 응용력을 키워나가야 할 것이다. 물론 기본적인 이해와 암기만으로도 문제는 풀 수 있지만 고득점을 얻기는 힘들다. 만약 문제를 통해 이해력과 응용력을 키우지 못한다면 여러분이 외운 암기는 단순 암기에 끝나고 만다. 따라서 문제라는 것을 통해 암기했던 내용과 공식을 다시 소화시켜 완벽하게 자신의 것으로 만들도록 해야 할 것이다.

시험을 잘 보는 비법

 이제 구체적으로 공부하는 방법을 터득했다면 이를 바탕으로 시험이라는 것을 잘 보도록 해야 할 것이다. 우리가 이렇게 공부하는 방법을 터득하고 기술과 요령을 익히는 것도 결국 시험을 잘 보기 위해서일 것이다.

시험을 잘 보는 가장 중요한 요인은 실력이지만 이는 시험에서는 90% 정도만 관여한다. 결국 실력만 있다고 해서 시험이라는 것을 잘 볼 수 있다는 말은 아니라는 것이다.

그래서 우리가 앞에서 배운 구체적인 공부 방법으로 90% 실력을 쌓았다면 시험을 잘 보는 요령과 기술을 통해 나머지 9%를 채우도록 해야 할 것이다. 이런 9%의 요령과 기술은 시험에 따라 많은 영향을 발휘하기 때문에 실력과 함께 익히도록 해야 할 것이다.

귀납적 시험 풀이법 – 감각 & 논리

대부분 학생들은 문제를 읽고 분석한 후 문제에서 요구하는 답을 찾는 연역적 시험 풀이를 할 것이다. 물론 이 방법은 시험 문제를 풀기 위한 정석이다. 하지만 때에 따라서는 선택지에 문제로 가는 귀납적 풀이 방법도 매우 유용하다. 이 귀납적 풀이 방법은 특히 수학에서 많은 효과를 볼 수 있다.

이 방법을 사용하는데 우리에게 요구되는 것은 시험 보는 감각과 논리적 사고력이다. 우리가 시험을 보기 위해 많은 문제를 풀다 보면 감각이라는 것이 생긴다. 이러한 감각은 보이지 않는 것이지만 절대 무시할 수 없는 파워를 가지고 있음을 알아야 한다.

또한 우리에게는 논리라는 생각하는 힘이 있다. 만약 풀지 못한 문제가 있다면 문제를 풀어 답을 구하는 연역적 방법에서 벗어나 역으로 선택지에서 문제로 가는 귀납적 방법을 이용해 보도록 하자. 일단 논리적 사고를 이용해서 다섯 개의 선택지 중 답이 될만한 것들로 고르다 보면 두 개나 세 개로 줄어들 것이다.

그리고 선택지를 보고 잘 생각한 후 문제를 읽게 되면 문제 파악이 보다 쉽게 되어 답을 찾는 경우가 있다. 그래도 답을 찾지 못한다면 시험 보는 감각을 이용해야 할 것이다. 이런 감각은 자신도 모르게 정답으로 이끄는 경우가 있다.

출제자의 의도를 파악하라

문제를 읽고 풀다 보면 자신은 맞게 생각하고 풀었다고는 하지만 종종 답이 틀린 경우가 있을 것이다. 이는 출제자가 문제를 만든 의도를 파악하지 못했기 때문이다. 이는 문제를 많이 풀거나 문제를 잘못 읽고 이해하는 경우 발생된다. 시험을 잘 보기 위해 많은 문제를 푸는 것은 당연하다. 하지만 조심해야 될 점은 시험이 아닌 문제집의 문제에 익숙해진다는 것이다.

즉 똑같은 문제를 여러 번 반복해서 풀다 보니 자신도 모르게 시험에서 출제자의 의도와 상관없이 답을 고르게 되는 경우가 생긴다. 또한 문제를 읽더라도 자신의 생각과 판단으로 이해를 하게 되면 출제자의 의도와 상관없이 무심코 자신이 생각한 답을 고르게 된다. 이는 매우 위험한 발상이며 잘못된 방법이다. 고득점을 위해서는 많은 문제를 맞아야 된다는 것은 어느 누구나 아는 사실이다. 그렇기 위해서는 출제자가 낸 문제를 제대로 파악해서 풀어야 한다. 비록 우리가 아는 문제를 자신이 생각한대로 답을 골랐다고 할지라도 출제자의 의도를 빗나간 답이라면 결국 오답이 되고 만다.

내 경우, 시험을 보고 정확히 푼 문제가 틀린 경우 출제자를 원망할 때가 많았다. 하지만 이미 틀린 답은 정답으로 바뀔 수 없음을 알아야 한다. 때문에 자신이 아는 문제라 할지라도 출제자가 원하는 의도를 정확히 파악하여 정답을 고르도록 해야 할 것이다. 그리고 출제자의 의도와 심리를 파악해서 문제를 풀다 보면 보이지 않는 함정을 발견할 수 있다. 출제자는 문제를 어렵게 내는 것보다 보이지 않는 함정 만들기를 더 좋아한다. 그래서 많은 지

식을 쌓는 것도 중요하지만 이런 보이지 않는 함정을 피해 정답을 고르는 것
도 중요하다.

기출 문제를 풀어 봐라

우리가 수능 시험을 잘 보기 위한 방법으로 입시 전문가들이 추천하는 또
하나의 방법은 바로 기출 문제를 풀어 보는 것이다. 기출 문제가 중요한 이
유는 출제자의 문제 경향을 알 수 있으며 이를 바탕으로 출제될 문제를 예상
할 수 있다는 것이다. 공부를 하다 보면 중요한 내용과 문제 유형이라는 것
이 정해져 있음을 알 수 있을 것이다. 단지, 해마다 중요한 내용과 문제 유형
이 다르기 때문에 많은 수험생들이 어려움을 겪고 있지만 이를 전부 파악한
학생이라면 어떤 시험이든지 잘 볼 수 있을 것이다. 이 때문에 우리는 기출
문제를 풀어 보고 출제자가 무슨 내용을 어떻게 문제로 만들었는지를 파악
하는 것이 중요하다.

시험 공부를 시작하기 전에 기출 문제를 먼저 풀어 보는 것도 좋은 방법이
다. 이는 우리가 어떻게 공부를 해야 되며 어떻게 시험을 준비하는지 공부하
는 방향을 제시해 주기 때문이다. 우리는 올바른 방향으로 공부할 때 출제될
문제를 예상할 수 있으며 시험을 잘 볼 수 있다.

연습을 실전처럼…

　많은 학생들이 시험을 보기 전 연습으로 기출 문제나 출제 예상 문제를 풀어 보게 된다. 하지만 이들 대부분 학생들은 '연습은 연습일 뿐 신경 쓰지 말자' 라는 구호처럼 연습과 실전을 따로 생각하는 경우가 있다. 이는 분명 잘못된 생각이다.

　우리는 실전 같은 연습을 통하여 문제점과 취약점을 파악할 수 있다. 그렇지만 '연습은 연습이다' 라는 생각을 가지고 문제를 푸는 학생이 있다면 자신의 실수나 취약점을 절대 발견할 수 없게 될 것이다. 또한 발견하게 되더라도 '실전에서는 다 맞게 풀 수 있어' 라는 자기 합리화에 빠지게 된다. 이런 자기 합리화는 실전에 가서도 똑같은 실수를 반복하게 하는 것임을 알아야 한다.

　자신이 공부를 다 했다면 실전 같은 연습으로 시간을 정확히 재고 문제를 풀어 보는 자세가 중요하다. 이렇게 연습을 실전처럼 훈련하다 보면 실전에 가서도 당황하지 않고 평소와 똑같은 마음가짐으로 차분하게 문제를 풀어 나갈 수 있다.

　즉 심리적으로도 안정이 되고 뇌에 많은 부담을 줄일 수 있게 되어 시험을 잘 볼 수 있다는 것이다. 그러므로 연습하는 훈련을 하되 마음가짐은 반드시 실전이라는 생각을 가져야 한다.

5

공부… 보이지 않는 1%를 위해

5

For
the invisible
1% in study

에디슨은 "천재란 99%의 땀과 1%의 영감(靈感)으로 만들어진다."고 하였다. 이 말은 자신이 아무리 뛰어난 두뇌의 소유자라 할지라도 노력을 하지 않으면 천재가 될 수 없다는 것을 의미한다.

천재가 되기 위해서는 무엇보다 99% 땀이라는 노력이 중요하다. 우리는 우등생이 되는 십계명과 공부 비법을 통해서 99%의 노력을 해야 할 것이다. 그리고 나서 천재들이 가지고 있는 나머지 1%라는 영감을 얻도록 해야 할 것이다. 그렇다면 천재들이 가지고 있는 보이지 않는 1% 영감이란 무엇이며 어떻게 얻을 수 있는지 알아보자. 100% 완벽한 우등생이 될 수 있을 것이다.

집중력을 갖자

 집중을 하자는 말은 아무리 강조해도 지나치지 않는 것 같다. 집중력은 눈에 보이지 않는 현상이기 때문에 모방할 수도 없는 것이다. 집중력은 스스로 만들어 나가는 수밖에 없다. 내가 고등학교 시절, 공부를 잘한 친구들을 연구·분석한 결과 어느 학생보다 집중력이 뛰어나다는 것을 발견하게 되었다. 이들은 집중력이 뛰어나기 때문에 어떤 환경에서 공부를 하든지 자기가 목표한 공부를 끝낼 수가 있었다. 어떤 학생은 수학 공부를 할 때 시끄러운 음악을 듣는가 하면 어떤 학생은 학습 태도가 나빴어도 공부를 잘하고 있었다. 이들의 자세나 학습 태도만을 보고 생각한다면 절대 우등생이 될 수 없다고 생각했다.

하지만 이들이 가지고 있는 것은 남들보다 뛰어난 집중력이었다. 이런 뛰어난 집중력 때문에 이들은 자신들의 잘못된 학습 태도에도 불구하고 공부를 잘할 수 있었다. 하지만 가장 좋은 방법은 올바른 학습 태도와 집중력을 가지고 공부하는 것이다.

집중력에 관한 다른 예로 앞에서 언급한 스타 크래프트나 자신이 좋아하는 영화를 본다고 생각해 보라. 흔한 말로 시간이 화살처럼 지나간다고 할 것이다. 이는 자신이 좋아하는 일에 몰입되어 있기 때문에 시간이 빨리 지나갔음을 알지 못하는 것이다. 반면, 시간은 얼마 지나지 않았는데도 마치 엄청난 시간이 지나간 것처럼 느끼는 경우가 있다. 이러한 것은 집중력 때문에 일어나는 현상이다.

나 경우, 공부를 잘한 친구들을 연구·분석한 결과 집중력의 중요성을 깨닫게 되었다. 그래서 집중력 향상을 위해 노력했지만 쉽게 되지 않았다.

하지만 시간이 지나고 몇 가지 방법을 통해서 집중력을 향상시킬 수 있게 되었고 지금은 어느 누구보다 집중력이 뛰어나기에 짧은 시간 안에 많은 공부를 해낼 수 있다. 그렇다면 어떻게 하면 집중력을 향상시킬 수 있는지 알아보자.

집중력을 키우는 방법

1. 단전 호흡을 통한 명상하기

내가 삼수를 하던 시절 6개월 정도 입시 학원을 다니면서 단전 호흡(丹田呼吸)을 가르치는 학원도 같이 다닌 적이 있다. 당시만 해도 집중력을 키워야 된다는 생각보다 입시 때문에 불안해 하던 내 자신을 안정시키고자 단전 호흡을 시작하게 되었다.
심리적 안정을 위해 단전 호흡을 시작하게 되었지만 나중에 가서는 집중력을 향상시키는데 많은 도움을 받게 되었다. 단전 호흡이란 단전('배꼽' 아래로 약 3~5cm 되는 곳을 가리킨다)으로 호흡을 하여 기를 모으는 것이다. 이 방법은 생각보다 쉽지 않으며, 잘못 배운다면 위험하기 때문에 전문 학원에서 배우는 것이 좋다. 단전 호흡을 통하여 명상을 하게 되면 집중력 향상에 많은 도움을 받을 수 있다.

2. 냄새가 집중력을 높여준다

이는 '호기심 천국'이라는 프로그램에 소개되었던 방법으로 특정 냄새는 사람의 신경을 예민하게 자극하여 집중력을 향상시키는 데 도움을 준다고 한다. 예를 들어 암모니아 냄새의 경우, 코로 냄새를 맡게 되면 암모니아의 특유한 냄새 때문에 뇌 세포는 자극되어 집중력이 높아진다는 것이다.
우스개 소리로 공부를 잘하려면 암모니아 냄새가 많이 나는 화장실에 가서 공부하란 말도 있다. 하지만 이런 방법보다는 자신이 공부하는 주위에 허브나 방향제를 놔두는 것이 좋다. 냄새가 너무 독하면 집중에 오히려 방해가 될 수도 있지만 은은한 향은 오히려 집중력을 배로 높이는 효과를 나타낸다.

3. 집중력 향상에 도움이 되는 음악을 들어라

공부를 잘하는 학생들을 보면 음악을 들으면서 공부하는 학생들이 있다. 물론 모든 음악이 공부하는 데 도움을 주지는 않는다. 어느 연구에 의하면 음악 중에서도 우리의 호흡과 뇌파에 잘 맞는 모차르트나 바흐의 음악이 집중력을 향상시키며 심리적인 안정을 준다고 한다. 모차르트 음악은 지능지수에 도움을 주며 바흐 음악은 수리 능력 향상에 효과가 있다고 한다. 그렇지만 우리는 음악을 듣는다는 생각보다 음악을 이용해서 집중력을 높인다는 생각을 해야 한다. 물론 모차르트나 바흐의 음악을 듣는 것만으로도 공부에 많은 도움이 되겠지만 음악을 들을 때 듣는 음악에 신경을 쓰지 말고 공부에만 집중할 수 있도록 해야 한다. 이러한 것을 배경 음악 효과라 한다.

> ■ 집중력 향상에 도움이 되는 음악들
>
> 1. 알비노니 – 아다지오 G장조　　　2. 파헬벨 – 캐논 D장조
> 3. 바흐 – G선상의 아리아　　　4. 헨델 – 사라반드
> 5. 바흐 – 브란덴부르크 협주곡 3번 1악장
> 6. 바흐 – 토카타 D단조
> 7. 바흐 – 플루트, 바이올린, 하프시코드를 위한 협주곡 3악장
> 8. 헨델 – 라르고
> 9. 바흐 – 하프시코드 협주곡 5번 F단조 1악장
> 10. 비발디 – 플루트 협주곡 C단조 1악장
> 11. 바흐 – 2대의 바이올린을 위한 협주곡 1악장
> 12. 헨델 – 수상음악 중 알라 혼파이프　　　13. 퍼셀 – 트럼펫 독주
>
> 이 중에서 자신에게 가장 알맞은 클래식을 골라 듣도록 하자.

나는 주로 좋아하는 음악을 듣는다. 클래식을 비롯해 팝송, 대중 가요 등 좋아하는 음악을 골라 듣는다는 생각보다 배경 음악 효과를 이용해 음악을 이용한다는 생각으로 듣는다.

4. 공부 환경을 만들어라

독일의 심리학자 레빈은 그의 저서 『토폴로지 심리학의 원리』에서 '생활공간'이라는 용어를 썼다. 이는 개인의 생활공간은 자신에게 행동의 목표가 된다고 했으며 인격은 환경과의 지속적인 상호 작용을 통해 성숙되며 발달된다고 했다. 즉 그는 인간의 행동을 인격과 환경의 함수관계로 생각했으며 환경에 따라 인간의 행동과 인격은 영향을 받기 때문에 매우 중요하다는 것이다. 집중력 또한 환경에 많은 영향을 받는다. 그렇기 때문에 자신이 생각할 때 어느 장소가 자신의 공부에 도움이 될 수 있는지 찾는 것이 바람직하다. 내 경우에는 도서관에 가서 공부하는 것이 집에서 공부할 때보다 무려 3배 이상 집중력이 향상된다는 것을 알았다. 하지만 집에서 공부가 잘되는 학생이 있을 것이다. 공부에 집중할 수 있는 환경은 각자 취향이 다르기 때문에 자신에게 가장 알맞은 환경을 찾고 만들도록 해야 할 것이다.

■ 좋은 공부 환경 만들기

1. 자신만의 공부방을 만들자.
2. 책상 위치 선정 – 원하는 위치에 배치하되 가능한 구석진 곳 벽면을 이용하라.
3. 책상 앞에 자극이 될 만한 글귀나 계획표를 붙이자.
4. 눈에 피로가 오지 않는 500~700럭스의 스탠드 조명을 이용하자.
5. 공부에 필요한 물건들은 가까운 곳에 놓도록 하자.
6. 책상은 공부하는 학생에게 중요하기 때문에 허리를 보호하고 오랫동안 앉아 있어도 피로가 오지 않는 의자를 이용하자.
7. 공부에 도움이 되지 않는 물건과 책들은 치우자.
8. 공부방을 구성하는 벽지 색을 고려하자. 색깔은 공부하는 데 있어 의외로 중요한 역할을 하기 때문에 자신이 집중할 수 있는 색깔을 골라 공부방을 만들도록 하자.
9. 공부하는 방은 항상 쾌적하고 20~25도 정도로 서늘한 것이 좋다.
10. 도서관을 이용하자. 도서관은 공부 환경이 잘 조성되어 있어 다른 사람들과 같이 공부함으로써 경쟁 의식을 가질 수 있다.

 공부… 보이지 않는 1%를 위해

5. 잠은 적당히 자되 숙면을 취하라

단전 호흡이나 향기, 음악 감상 그리고 공부 환경 등 외적인 것도 집중력을 높이는 데 중요한 역할을 한다. 그렇지만 무엇보다 집중을 잘하게 만드는 내적 요인은 맑은 정신력일 것이다. 잠을 충분히 자지 못한 사람은 아무리 좋은 향기나 음악 그리고 환경 속에서 공부를 한다고 하더라도 집중력이 생겨날 수 없다. 그래서 우리는 잠은 적당히 자되 숙면을 취함으로써 깨어 있는 시간만큼은 맑은 정신력을 유지해야 할 것이다. 적당한 수면 시간이란 사람마다 조금씩 다르겠지만 내 경우에는 최소 6시간을 잤고 대개 7시간 자고 공부를 했다. 이런 맑은 정신과 함께 외적으로 도움을 받을 때 집중력은 향상될 수 있으며 학습 효과가 극대화된다.

■ 숙면을 취하는 방법

1. 자기 전에 간단한 스트레칭을 하자.

2. 적당한 양의 미지근한 우유 한 잔을 마시자(카페인이 든 음료수는 삼간다).

3. 미지근한 물에 몸을 담가 긴장감을 풀어준다.

4. 조용하면서 반복적인 리듬의 음악을 들으며 잔다.

5. 올바른 잠자리 습관을 만들자.

6. 잠깐의 명상을 하도록 한다.

7. 낮잠은 될 수 있는 한 피하고 토막잠을 이용하자.

8. 방의 온도는 적당하게 유지하고 쾌적한 환경을 만든다.

9. 자신에게 알맞은 베개를 이용한다.

10. 정해진 시간에 자고 일어날 수 있도록 한다.

독서를 많이 하자

집중력을 향상시키기 위한 방법들을 알아봤다. 독서는 집중력을 향상시키는 데 도움을 줄 뿐만 아니라 앞에서 언급한 속독법을 깨우치는 데도 많은 도움을 준다. 여러분은 어릴 때부터 부모님이나 선생님으로부터 "책을 많이 읽어라."라는 말을 수없이 들어왔을 것이다. 내 자신도 어릴 때부터 귀가 따갑도록 들어왔던 말이지만 결코 행동으로 실천하지 못했다. 그때는 무슨 생각으로 책을 안 읽었는지 모르겠지만 지금은 후회막급이다. 그래서 책을 싫어하는 학생이 있다면 도시락을 싸가지고 다니면서까지 책을 읽으라고 말하고 싶다. 우리는 '책을 읽는다'는 행위를 통해서 집중력을 키울 수 있을 뿐만 아니라 속독법, 이해력 등 보이지 않는 수많은 것들을 얻을 수 있다. 그리고 결국 공부라는 것도 잘할 수 있게 된다. 하지만 안타깝게도 많은 학생들이 책을 읽어야 되는 이유를 알지 못하며 고학년일수록 책을 읽을 만한 시간과 환경이 없어진다.

왜 책을 읽어야 되는지 내 경우를 보고 많은 학생들이 공감대를 가지고 앞으로는 많은 책을 읽었으면 하는 바람이다.

고등학교 때까지만 해도 나의 독서량은 만화책을 포함해서 열손가락에 꼽을 만큼 적었다. 그렇다 보니 글을 읽고 이해하는 데 남보다 많은 시간과 노력이 필요했다. 솔직히 말해 중학교 때까지는 책 읽을 필요성을 그다지 느끼지 못했다. 당시만 해도 국어라면 하나의 암기 과목으로 생각되었고 참고서나 학교에서 가르치는 내용만으로도 충분하다고 생각했었다. 하지만 문제는 고등학교에 올라오고 나서부터 시작되었다.

고등학교에 올라와 수능이라는 제도가 본격적으로 시행되면서 나의 국어 점수는 끝을 모르고 한없이 떨어졌다. 떨어지는 점수도 원망스러웠지만 문제를 다 풀어내지 못한 내 자신이 더 원망스러웠다. 수능을 공부해 본 학생이라면 언어 영역을 정해진 시간 안에 완벽하게 풀어내기란 쉬운 일이 아님을 알 것이다. 전부터 책을 많이 읽지 않은 관계로 남보다 글 읽는 속도와 이해력이 부족했다. 그러다 보니 시간 안에 모든 문제를 풀어내기란 거의 불가능했다. 그래서 수능에서 언어 영역을 시험 볼 때 한 번도 해본 적이 없는 행동을 했었다. 문제를 절반도 풀지 못한 상황에서 시험 시간 5분을 남겨두고 아무 답이나 맞기를 바라며 찍기를 했던 것이다.

이런 행동과 심리적 불안은 결국 나머지 시험에까지 지대한 영향을 미쳤다. 학교 첫 시험에서 전교 10등 안에 들었던 나는 수능 모의 고사를 치르고 전교 200등 밖으로 순식간에 밀려났다. 그 후에도 계속 언어 영역에 대한 높은 장벽은 넘기 힘들었고 그 결과 재수, 삼수로까지 이어졌다. 마지막 수능 시험을 볼 때도 언어 영역을 제외한 나머지 과목에서는 우수한 성적을 얻었다. 하지만 언어 영역이라는 한 과목이 결국 인생의 첫 번째 갈림길인 수능에서 내 발목을 잡는 요인이 되었다. 시험을 보고 나서 땅을 치며 후회했지만 책을 읽지 않은 내 자신을 원망하는 수밖에 없었다.

이 글을 읽는 여러분은 어떠한지 돌아보라. 책 안 읽는 것을 대수롭지 않게 생각하는 학생들이 많을 것이다. 하지만 이런 생각은 어리석은 짓이요, 책을 읽는 것은 지금 당장은 눈에 띄게 효과는 나타나지 않는다. 하지만 나중에 가서 자신이 필요할 때 책을 읽기에는 너무 늦어 버린다. '늦는다' 는 말은 책을 읽어 속독을 하고 이해력을 키운다는 일이 하루 아침에 몇 권의 책을 가지고 얻어지는 것이 아니라는 뜻이다. 그래서 우리에게 요구되는 자세는 어릴 때부터 책을 꾸준히 많이 읽어야 한다는 것이다. 장담컨대 책을 많이 읽은 학생이 반드시 공부를 잘하게 될 것이다.

그래도 공부를 못 하는 학생이 있다면 이는 공부 방법에 있어 문제가 있기 때문이다. 이는 제대로 된 공부 방법을 안다면 짧은 시간에 고쳐질 수 있다. 하지만 책을 읽지 않는 학생은 제대로 된 공부 방법으로 공부하더라도 점점 힘들게 될 것임을 반드시 알아야 한다. 그렇다면 무슨 책을 어떻게 읽어야 하는지 알아보자.

책을 읽는 여부는 자신의 마음가짐에 달려 있다. 아무리 좋은 책도 자신이 읽기 싫다면 무용지물이 되고 만다. 그래서 무엇보다 자신이 책을 읽어야겠다는 생각을 가지고 자신이 좋아하는 책을 찾아 읽어보라고 권장하고 싶다. 여기서 말하는 좋아하는 책이란 자신에게 책이라는 것에 대해 거부감을 느끼지 않고 흥미를 가져다 줄 수 있는 책이라 말하고 싶다. 사람마다 독서 수

준이 다르기 때문에 읽고자 하는 책이 다를 수 있다. 하지만 무엇보다도 책에 대해 흥미와 재미를 가질 수 있는 것이라면 나쁜 책을 제외하고 읽기 시작하라. 흥미가 있으면 관심을 갖게 되고, 읽기 시작하면 재미를 알게 된다.

내가 어릴 때 어머니께서 공부에 도움되라고 형, 누나들이 읽었던 두껍고 어려운 내용의 책들을 주셨다. 만화책을 읽으라고 해도 싫어하던 때에 이런 책들을 읽으라고 하셨으니 나에게는 수면제와 다름없었다. 그래서 그런 책들을 읽으면서 책이라면 다 어렵고 재미없다고만 생각을 했기에 책을 더 멀리하게 되었는지 모른다. 다른 학생이 책을 읽고자 한다면 나쁜 책을 제외하고는 어떤 책이든 다 읽으라고 말하고 싶다.

먼저 책에 흥미를 갖고 조금씩 꾸준히 읽어나가는 자세가 필요하다. 만화책이나 잡지, 신문도 좋다. 이는 자투리 시간에 틈틈이 스트레스를 풀 수 있고 글 읽기에 흥미를 주기 때문이다.

하지만 반드시 알아야 될 사항이 있다. 나쁜 책을 제외하고 다른 어떤 종류의 책을 읽는 이유는 책과 친밀한 관계를 만들기 위해서다. 만화책이라는 것도 일단 책과 친밀감을 높여주고 자투리 시간을 이용하기 위한 것이다. 자신이 생각했을 때 책과의 친밀감이 생겨나고 책 읽기가 재미있어진다면 한 단계 발전된 모습을 보여야 할 것이다. 자신이 고학년이 되어서도 계속해서 만화책이나 잡지 수준에서 벗어나지 못한다면 이는 어리석은 행동이요, 발전이 될 수 없다. 만화책이나 잡지 같은 책을 통해 책 읽기에 흥미를 가졌다면 소설책, 더 나아가서는 교양 서적을 읽어야 할 것이다. 이렇게 독서 수준

이 점차 높아갈 때 우리는 상식이 많아지고 이해력이 높아지는 등 많은 발전
이 있게 된다.

그렇다면 책을 어떤 방법으로 읽어야 하는지 알아보자. 책을 읽는 방법에
는 여러 가지가 있지만 그 중 내가 효과적으로 즐겨 쓰는 방법은 속독과 발
췌독 그리고 정독이 있다.

속독은 말 그대로 책을 빨리 읽는 방법이며, 발췌독은 글 중에서 내게 필
요하거나 중요한 부분을 선택해 읽는 것을 말한다. 정독은 글을 자세히 읽는
것을 말한다. 내 경우 세 가지를 즐겨 쓰기는 하지만 이를 따로따로 쓰는 것
이 아니라 한 권의 책을 읽을 때 동시에 이 세 가지를 이용한다는 것이다.

또한 나는 책을 읽을 때 항상 차례를 먼저 본다. 차례를 보고 책이 어떻게
구성이 되어 있는지 파악한 다음 내가 필요로 하는 부분을 눈 여겨 본다. 책
을 읽어 나갈 때 필요 없는 부분은 속독으로 빠르게 읽어나가고 필요한 부분
에서는 정독을 하며 완전히 이해할 수 있도록 글을 읽는다. 그리고 책이 불
필요하게 두꺼운 경우 원하는 부분만 선택하는 발췌독으로 글을 읽는다. 이
렇게 책을 읽다 보면 두세 시간 안에 책 한 권을 읽을 수 있으며 중요한 내용
도 파악할 수 있다.

이 밖에 책을 읽는 요령으로는 스캐닝(Scanning) 방법과 스키밍(Skimming)
방법이라는 것이 있다. 스캐닝 방법은 속독법과 달리 어떤 질문의 문제나 핵
심만을 놓고 필요한 답만 찾아내는 방법을 말한다. 이 때 가장 중요한 것은
내가 무엇을 찾고 있는지 생각하는 것이다. 이러한 예측을 하면서 글을 읽을

때 불필요한 부분은 건너뛰며 필요한 부분만 찾아서 읽게 될 수 있다.

스키밍 방법은 중요한 부분에서는 자세히 읽고 나머지 부분에서는 훑어보는 것을 말한다. 이는 필요한 정보를 찾아 읽는 스캐닝 방법과는 조금 차이가 있다.

여러분이 스키밍 방법을 이용하고 싶다면 무엇보다 전체적으로 자신이 무엇을 알아야 되는지를 아는 것이 필요하다. 그런 다음 차례를 보고 자신의 질문에 답변이 될 만한 것을 선택하며 책을 읽어나가고 자신이 원하는 부분이 나오면 자세히 읽어 나간다.

여러분이 짧은 시간 안에 많은 정보를 읽고 찾아내기를 원한다면 속독, 발췌독, 정독, 스캐닝, 스키밍 방법을 복합적으로 사용하며 책을 읽어나가는 것이 현명하다고 생각한다. 어느 하나만을 이용해서 책을 읽는다면 비효율적인 방법이 될 것이다. 따라서 한 권의 책을 읽어나갈 때 가능한 모든 방법을 이용할 수 있도록 해야 할 것이다.

마지막으로 앞에서 언급했지만 책을 많이 읽게 되면 집중력이 저절로 길러지게 되며 속독법을 따로 배우지 않아도 속독을 할 수 있게 된다. 또한 이해력이 높아져 짧은 시간 동안에 많은 정보를 읽고 파악해 낼 수 있다는 점을 잊지 말아야 할 것이다.

공부에 시너지 효과를 발휘하자

시너지(Synergy)란 H. I. 앤조프라는 사람에 의해 명명된 것으로 시스템 에너지(System Energy)를 줄인 말이다. 이는 둘 이상의 요소가 유기적으로 잘 결합하여 시스템으로 작용하면 둘 이상의 힘을 나타낸다는 의미이다. 이런 유기적인 힘으로 나타나는 결과를 시너지 효과(Synergy Effect) 혹은 상승 효과라고 말한다.

이를 좀더 구체적으로 알아보면 "The interaction of elements that when combined produce a total effect that is greater than the sum of individual elements, contributions, etc." 라는 의미로 두 개 이상의 서로 다른 개체가 힘을 합치면 둘 이상의 효과를 내는 현상으로 전체적인 상승을 가져온다는 것이다.

예를 들어 포도원과 양봉장의 관계를 생각해 보면 시너지 효과를 쉽게 알 수 있다. 이 둘은 따로 있어도 각각 효과를 볼 수 있다. 하지만 포도원과 양봉장이 서로 가까이 있을 경우 양봉장은 벌들이 가까운 곳에서 꿀을 많이 빨리 따와서 좋고, 포도원도 벌들이 많이 와서 수정을 해주니 수확이 더 많다고 한다. 이처럼 포도원과 양봉장이라는 구성 요소는 하나씩이지만 이 둘이 합쳐지게 되면 단순히 합하는 것보다 그 이상의 많은 효과가 나타난다는 것이다.

이러한 시너지 효과는 사회 여러 분야에서 응용되고 있다. 우리가 만약 공부에서도 시너지 효과를 발휘한다면 1시간 동안 공부를 하게 되더라도 1시간 이상의 효과를 발휘하여 공부를 잘할 수 있게 될 것이다. 이것이 바로 보이지 않는 1%요, 천재들이 쓰는 방법이기에 시너지 효과를 이용해서 공부를 잘하는 방법을 생각해 보자.

음악 이용하기

앞에서 공부할 때 음악을 듣는 것이 집중하는 데 많은 도움을 준다고 하였다. 뿐만 아니라 음악은 시너지 효과를 발휘하는 데도 많은 도움을 준다. 이것이 앞에서 언급한 배경 음악 효과이다.

나의 고등학생 시절 '뇌파 학습기' 라는 제품이 공부하는 학생들에게 인기 있는 품목 중에 하나였다. 이 제품의 기능은 '뇌에 가장 적합한 릴랙스 프로그램 사용에 따른 잠시적 자극에 의한 집중력 향상' 이라고 한다. 좀더 구체적으로 알아보면, 우리 뇌에는 여러 가지 뇌파가 있다고 한다. 잠잘 때 나타나는 δ파와 활동할 때 나타나는 β파 그리고 명상을 할 때 주로 나타나는 α파

등이 있다고 한다. 이 중에서 공부하는 수험생에게 가장 중요한 뇌파는 α파이며, 이는 긴장을 풀고 마음이 평온한 상태인 명상을 할 때 가장 많이 나타난다고 한다. 그렇지만 공부하는 수험생에게는 입시와 공부로 인한 스트레스 때문에 이런 α파를 찾기 힘들다고 한다. '뇌파 학습기'라는 제품은 깜박거리는 빛과 소리의 특징을 이용해 특정 뇌파인 α파를 이끌어 냄으로써 공부가 잘 되게 해준다는 원리를 적용한 제품이다.

쓰는 사람마다 틀리겠지만 내 경우, 이런 '뇌파 학습기'를 이용해서 성적을 향상시키기는 쉽지 않았다. 그래서 대안 방법으로 생각해낸 것이 음악을 이용한 배경 음악 효과를 보는 것이었다. 처음 시작은 공부에 재미를 갖기 위해 음악을 들었지만 나중에는 시너지 효과가 나타난다는 것을 알게 되었다.

뇌에 관한 연구 중에 이런 글을 읽은 적이 있다.

우뇌는 감성 또는 이미지 뇌라고 불리며 음악 · 회화 · 도형 · 색채 등 감성을 담당하고, 좌뇌는 논리 또는 언어적인 뇌라고도 하며 언어 · 분석 · 계산 등 논리적 사고를 담당한다고 한다. 공부를 할 때는 주로 논리적 사고를 계속하기 때문에 좌뇌를 이용하게 된다. 하지만 우리가 음악을 들을 때는 감성을 자극하기 때문에 우뇌를 쓰게 된다. 그렇기 때문에 우리가 음악을 들으면서 공부를 하게 되면 양쪽 뇌를 전부 사용하기 때문에 한쪽 뇌를 사용하는 것보다 공부에 대한 시너지 효과가 나타난다.

내가 음악을 들으면서 공부를 해본 결과 수학 공부에서는 많은 시너지 효과를 볼 수 있었다. 특히 수학 공부를 할 때는 음악이 수학에 대한 지루함을 없애주고 집중력을 키워주며 양쪽 뇌를 같이 사용하기 때문에 큰 효과를 볼 수 있었다. 하지만 다른 과목을 공부하면서 음악을 들은 결과는 오히려 역효과가 나타났다. 공부를 하면서 '이해한다'는 것은 같지만 과목마다 다른 특성이 있다는 것을 깨닫게 되었다. 과목의 특성상 수학에서는 많은 도움을 받을 수 있지만 다른 과목에서는 오히려 음악을 듣지 않는 것이 도움이 된다는 것을 알았다.

하지만 이 글을 읽는 학생이라면 좋은 음악을 선택해서 수학뿐만 아니라 다른 과목에까지 적용시켜 시너지 효과를 얻는다면 좋을 것이다.

그 밖의 시너지 효과를 나타내는 공부 방법

음악을 이용한 방법 말고도 스터디 그룹이나 노트 이용법 등이 시너지 효과를 나타내는 데 도움을 줄 수 있다. 스터디 그룹 멤버를 잘 구성하여 멤버들 간에 협동하여 공부를 하게 되면 시너지 효과가 나타난다. 앞에서 언급한 '분태 학습법'을 통하여 공부하게 된다면 모이는 인원에 따라 그 이상의 효과를 볼 수 있을 것이다. 스터디 그룹을 어떻게 만드느냐에 따라 공부에 도움이 되며 시너지 효과 여부도 결정된다. 그렇기 때문에 어떻게 스터디 그룹을 그성하고 공부를 해나가는 지는 앞에서 소개한 우등생 십계명을 다시 한 번 읽어보도록 해야 할 것이다.

또한 노트 이용법이 있다. 노트를 완성하기 전까지는 시너지 효과를 보기는 힘들다. 하지만 노트가 완성되거나 필요에 따라 만든 노트를 공부하고 시험을 볼 때 시너지 효과는 나타나게 되어 있다. 내 경우에는 전체적으로 책을 대강 빠르게 읽어 본 후 항상 노트부터 공부해 중요 핵심 내용을 알려고 한다. 우리가 만든 노트는 자신에게 가장 필요한 정보들로만 구성되어 있다. 노트를 통해 기본 핵심 내용을 알고 자신의 문제점과 취약점도 알 수 있다. 그리고 나서 책이나 문제집을 통해 실수를 줄여나가고 보완해서 공부할 수 있다. 이렇게 공부함으로써 보다 완벽해져서 짧은 시간에 공부를 하고도 시험을 잘 볼 수 있는 것이다.

스터디 그룹이나 노트 이용법 말고도 스크린 기억법 등 다른 공부 방법을 이용하는 것도 시너지 효과를 얻는 것이다. 하나의 방법이 아닌 둘 이상의 공부 방법을 접목해 나갈 때 우리가 하는 공부에서도 시너지 효과를 나타내어 짧은 시간에 많은 공부를 할 수 있을 것이다.

공부에 대해 프로 의식을 갖자

 프로란 프로페셔널(Professional)의 준말로서 어떤 분야에서 뛰어난 능력을 발휘하는 사람을 의미한다. 프로라는 말은 운동선수뿐만 아니라 여러 분야에서 탁월한 실력을 가진 사람에게 쓰일 수 있다. 오늘날은 어느 분야든 전문화되는 프로의 시대가 되었다. 어떤 분야에서든 프로가 되지 않으면 살아남기 힘들고 도태되며 그 분야를 이끌어 나갈 수 없다. 그렇다고 해서 누구나 프로가 되는 것은 아니며, 프로가 된다는 것도 결코 쉬운 일이 아니다. 프로가 되기 위해서는 끊임없는 노력과 함께 철저한 프로 의식을 가지고 행동으로 옮길 줄 알아야 한다.

프로라는 말과 비교되는 개념으로 아마추어라는 말이 있다. 아마추어란 어떤 분야에서 뛰어난 재능과 실력을 갖기보다는 어느 정도만 즐기고 대강 하는 것을 말한다.

그렇다면 프로와 아마추어에는 어떤 차이점이 있는지 알아보자.

프로와 아마추어에는 보이지 않는 차이가 있으며 이런 차이는 결코 쉽게 줄일 수 없다. 공부도 마찬가지이다. 여러분은 공부를 하는 데 있어 프로인

프로와 아마추어의 차이점 10가지

1. 프로는 뚜렷한 목표가 있지만, 아마추어는 목표가 없다.
2. 프로는 행동으로 보여 주지만, 아마추어는 말로 보여 준다.
3. 프로는 결과보다 과정을 중시하지만, 아마추어는 결과에 집착한다.
4. 프로는 시간을 관리하지만, 아마추어는 시간에 끌려 다닌다.
5. 프로는 "난 꼭 할거야."라고 말하지만, 아마추어는 "난 하고 싶었어."라고 말한다
6. 프로는 Know-Where를 생각하지만, 아마추어는 Know-How를 생각한다.
7. 프로는 질을 생각하지만, 아마추어는 양을 생각한다.
8. 프로는 자기의 의지에 따라 움직이지만, 아마추어는 현상을 그대로 받아들인다.
9. 프로는 평소에 열심히 한 땀을 흘리지만, 아마추어는 놀다가 식은 땀을 흘린다.
10. 프로는 실패도 성공의 발판으로 생각하지만, 아마추어는 실패하면 망한다고 생각한다.

[http://kin.naver.com]

지 아마추어인지 생각해 보라고 묻고 싶다.

대부분의 학생들은 프로보다는 아마추어에 속할 것이다. 아니 프로가 되고 싶어하기보다는 아마추어에 만족하고 싶어 하는 학생이 많을 것이다. 프로가 된다는 것은 쉬운 일이 아니기에 많은 학생들이 쉽게 포기하고 만다. 하지만 우리는 우등생이 되는 십계명과 공부 비법이라는 것으로 프로가 되기 위한 방법을 알았다. 이제 여러분에게 요구되는 되는 것은 프로가 되기 위한 프로 의식이다. 다음 일화는 공부와 관련된 프로 의식이 무엇인지 잘 보여주는 예이다.

　여러분은 '다비드'와 '최후의 심판'이란 말만 들어도 어느 미술 작가인지 알 것이다. 바로 이탈리아의 천재 화가이며 조각가인 미켈란젤로이다.

　비네치아의 한 귀족이 미켈란젤로에게 자신의 흉상을 그려달라고 부탁했다. 미켈란젤로는 부탁을 받은 지 나흘 만에 그림을 완성했고 그 귀족에게 지금 돈으로 100만원에 해당되는 금화를 요구했다. 그러자 귀족은 나흘 만에 완성한 작품치고는 비싸다는 이유로 화를 내며 미켈란젤로에게 돈 주기를 거려했다. 그러자 미켈란젤로가 귀족에게 이렇게 대답했다.

"당신은 잊고 있는 게 있습니다. 나흘 만에 흉상 그리기를 완성할 수 있도록 제가 지난 30년 동안 실력을 쌓아왔다는 것입니다."

　미켈란젤로는 짧은 시간 안에 완벽하게 그림을 그리기 위해서 지난 30년 동안 묵묵히 실력을 쌓아왔던 것이다. 이는 프로가 되기 위한 프로 의식이 없었다면 결코 해내지 못했을 것이다. 우리가 공부를 하는 데 있어서도 마찬가지이다. 30년이라는 긴 시간 동안에 실력을 쌓지 못하겠지만 고등학교 3년 동안 우리는 최선을 다해 실력을 쌓아야 한다. 그리고 단 하루, 대학 수학 능력 시험에서 자신의 모든 실력을 유감없이 쏟아내어 좋은 결과를 얻어야 한다는 것이다.

　우리는 공부에서도 반드시 프로가 되어야 하며 프로 의식을 가져야 한다. 하지만 아마추어가 되지 않고 프로가 될 수는 없다. 비록 자신이 현재는 아마추어라 할지라도 프로 의식을 가지고 아마추어라는 긴 터널에서 하루빨리 벗어나 남들에게 인정 받는 프로가 되도록 노력해야 할 것이다.

지금까지 공부를 잘하기 위한 방법으로 우등생의 십계명과 함께 공부를 어떻게 해야 되는지 구체적으로 알아봤다. 우리는 열심히 공부해야 된다는 조건하에 어떻게 공부를 잘할 수 있는지 경제적이며 효과적인 방법들을 알아야 한다. 그러면 공부라는 것이 어려운 것이 아니라 하나의 게임처럼 실력과 요령이 쌓일 때 잘해 나갈 수 있을 것이다.

지난 2년 5개월 동안 미국에서 유학 생활을 하는 동안 거의 2년 동안 미국 학생들을 대상으로 수학이란 과목을 영어로 가르치게 되었다. 미국 학생들을 우리나라 말이 아닌 영어로 가르치는 것이 쉽지 않았지만 하나하나 열심히 설명하고 나름대로 노력하였다. 그 결과 많은 미국 학생들에게 수학을 잘할 수 있게 도움을 주었고 수학 과외를 시작한 지 불과 4개월 만에 10여 명에 이르는 미국 학생들을 가르칠 수 있게 되었다. 짧은 시간에 많은 학생들을 가르치게 되고 미국 사람이 한국 사람에게 수학을 배우려고 한 데에는 나의 보이지 않는 수학 실력이 있었기에 가능했다.

그렇지만 한국에서 공부를 하는 동안 수학이란 과목 때문에 나는 많이 힘들어야 했다. 고등학교 때까지는 수학 때문에 많은 고생을 해야 했지만 재수와 삼수를 하면서 나름대로 많은 공부를 할 수 있었다.

그러면서 수학이란 과목을 정복할 수 있게 되었고 미국에서 수학이란 과목 하나로 유명해질 수 있었기에 여러분에게 어떻게 수학과 영어를 공부했는지 소개하고자 한다.

6 승리 수학 따라잡기

6
For victory in
Mathematics

왜 수학을 공부하는가?

 많은 학생들이 이 질문에 대해 여러 가지 이유를 생각해 봤을 것이다. 내가 고등학생이었을 때 수학 공부에 대해 두 명의 찬반론자가 토론한 내용을 신문에서 본 적이 있다. 간단하게 말해서, 수학 공부를 반대하는 이유는 지금 같은 세상에 수학을 공부하는 것은 시간 낭비요, 문명의 혜택을 이기적(利己的)으로 쓰지 못하고 있다는 것이다. 예를 들어 슈퍼에 가도 모든 물건 값을 계산기로 계산하는데 굳이 실생활에서 우리가 수학을 공부한 만큼 이용할 만한 가치가 있느냐는 것이다.

반면 수학 공부를 찬성하는 이유는 수학이란 모든 학문의 가장 기본이 되는 도구적(道具的) 학문이요, 비합리적인 생각을 피하게 만드는 합리적인 사고력과 논리력을 키우기 위해 필요하다는 것이다. 예를 들어 고등학교에서 배우는 미적분은 우리 실생활에 이용하기가 매우 힘들다. 하지만 미적분을 배운 사람은 배우지 않은 사람보다 사고력과 논리력이 뛰어나기 때문에 다른 일을 훨씬 능률적·효율적으로 처리할 수 있다는 것이다.

여러분은 이 두 가지 견해에 대해서 어떻게 생각하는가?

　자신이 수학 공부를 반대하는 입장인지, 찬성하는 입장인지를 생각해 보기 바란다. 자신이 왜 수학을 공부해야 하는지에 대해서 알고 공부하는 사람과 '그냥 남들이 다 하니까'라는 무목적(無目的) 사고를 가지고 공부하는 사람과는 분명 보이지 않는 큰 차이가 있다. 수학을 공부해야 되는 이유를 알게 되면 수학에 흥미가 생기며, 이는 수학을 공부하는 재미와 동기를 가져다 주게 될 것이다.

산수와 수학의 개념 차이

수학을 공부하는 이유를 알았다면 수학 공부를 할 때 알아야 될 사항이 있다. 바로 산수와 수학의 개념 차이를 아는 것이다. 지금은 모든 학년이 수학이란 이름으로 통일되어 있기 때문에 이 차이점에 대해 생각해 보지 않는 학생이 많을 것이다. 하지만 수학 공부를 하기 전에 산수와 수학의 개념 차이를 분명히 알아야 한다. 왜냐하면 많은 학생들은 자신이 산수를 하고 있음에도 불구하고 수학을 하고 있다고 착각을 하고 있기 때문이다.

산수란 간단히 말하면 수의 계산이다. 숫자를 가지고 간단한 방법을 사용해 결과를 얻는다고 말할 수 있다. 반면, 수학이란 산수를 바탕으로 문자를 써서 문제 해결을 해서 답을 얻는 것이다. 즉 수학의 범위가 산수보다 더 넓은 의미를 포함하고 있다.

초등학교 때에는 주로 수학의 기본과 바탕이 되는 산수(수의 계산)에 중점을 두고 배우게 된다. 그리고 중학교에 올라가게 되면 그 동안 배웠던 산수라는 기본 지식을 바탕으로 문자를 쓰기 시작하면서 수학에 입문(入門)하게 된다. 이렇게 해서 초등학교 때 배웠던 산수를 바탕으로 중학교 때 수학이란 과목을 접하고, 고등학교 때 수학이란 과목에 대해 진지하게 배우게 된다.

아직도 많은 고등학생들은 이런 말을 되풀이하곤 한다. "중학교 때까지는 수학을 잘했는데 고등학교 올라오니까 수학이 점점 힘들어진다.", "쉬운 문제는 잘 푸는데 어려운 문제만 풀려고 하면 잘 안 된다." 이런 말들은 학생 자신이 아직도 산수라는 개념의 수학에서 벗어나지 못하고 있다는 말이다. 쉬운 문제는 잘 풀지만 어려운 문제는 잘 풀지 못한다는 얘기는 다시 말해 산수는 잘하지만 수학은 잘하지 못한다고 할 수 있다. 이런 차이점을 분명히 알고 자신을 냉철히 판단할 때 자신이 산수를 공부하고 있는 것인지 수학을 공부하고 있는 것인지 깨닫게 될 것이다. 그리고 지금부터라도 산수가 아닌 수학을 공부할 수 있는 학생이 되어야 한다.

수학 공부 시작하기

1. 수학 참고서, 이렇게 골라 보자

수학의 가장 기본이 되는 것은 개념 원리의 이해이다. 이런 개념 원리를 잘 이해할 수 있게 도움을 주는 책이 바로 수학 참고서이다. 이 때문에 무엇을 어떻게 고르느냐가 중요하다. 서점에서 참고서를 고를 때는 수학의 개념 원리에 대해 설명이 쉽고 간결하게 되어 있는 책, 자신이 읽었을 때 이해하기 쉬운 책, 책 디자인이나 두께 등 여러 번 보아도 질리지 않는 책을 고르는 것이 좋다.

수학 참고서를 많이 공부한다고 수학을 잘하는 것은 아니다. 우리는 시간이 절대적으로 부족하기 때문에 많은 참고서를 보라고 권하고 싶지는 않다. 적게는 1권, 많게는 2권이 적당하다. 1권을 고른다면 자신에게 가장 좋은 참고서를 선택하라. 그리고 2권을 고른다면 한 권은 자신이 좋아하는 참고서, 다른 한 권은 설명이 잘 되어 있는 참고서를 사라고 권하고 싶다.

고등학교 시절, 나는 수학 공부에 욕심을 부린 나머지 무려 5권의 수학 참고서를 사게 됐다. 참고서마다의 좋은 점을 얻기 위해 5권이나 되는 책을 번갈아 가며 공부했지만 결국 시간과 노력을 낭비하게 되었다. 공부한 것은 많은 것 같은데 항상 제자리 걸음만 하고 내 스스로가 공부할 양을 엄청나게 늘리는 결과만 만들어 냈다. 그래서 참고서 한 권을 제대로 끝내지 못하고 고등학교를 졸업하게 되었다. 결국 재수, 삼수를 하게 되었고 뒤늦게나마 나의 잘못된 점을 알고 나에게 맞는 수학 참고서를 골라 열심히 공부했다. 그 결과 많은 것을 얻을 수 있게 되었고 이를 토대로 미국에서 수학 과외를 할 수 있게 되었다.

2. 수학 참고서, 이렇게 공부해 보자

가장 중요한 것은 수학 개념 원리의 이해이다. 자신에게 가장 좋은 수학 참고서를 골랐다면 어떻게 이런 책들을 공부해서 수학적 개념 원리를 잘 이해할 수 있는지 알아보자. 어떻게 이용하고 공부하느냐에 따라 그 책의 값어치가 달라지게 된다.

일단 자신이 선택한 참고서의 차례부터 보라.
내 경우 모든 책의 차례부터 보는 습관이 있다고 했다. 책에 나오는 차례는 책의 요약판과 같다. 어떻게 책이 구성되어 있고 어떤 순서에 의해 책이 서술되어 있는지 알 수 있다. 차례는 간략하면서도 핵심 단어들로 구성되어 있기 때문에 많은 도움을 받을 수 있다. 특히 수학에서는 차례를 보게 되면 수학적 연관성을 만들 수 있게 된다. 자신이 무엇을 공부했으며 앞으로 무엇을 공부하는지에 대해 연관을 가지고 쉽게 이해하고 공부할 수 있다는 것이다.

차례를 보지 않고 무작정 자기가 공부해야 할 페이지만을 찾아 공부하는 학생은 절대로 이 수학적 연관성을 만들 수 없고 수학 공부를 잘할 수 없다. 예를 들어 지수와 로그는 형과 동생 사이처럼 연관성이 깊다. 하지만 많은 학생들이 지수와 로그의 관계를 모르고 따로 공부하려는 경향이 있기 때문에 어렵다는 말을 하는 것이다. 내가 미국에서 수학을 가르칠 때, 미국 학생들이 질문한 유형을 살펴보면 연관이 되는 부분만 알면 쉽게 풀 문제들이 많이 있다. 하지만 많은 학생들이 연관이 되는 부분을 모르거나 연결지어 생각하지 않기 때문에 문제를 풀지 못하는 것이다. 그래서 우리는 공부를 하거나 문제를 풀 때 반드시 수학적 연관성을 갖도록 해야 할 것이다.

또한 대부분 학생들의 수학 참고서나 교과서를 보면 첫 단원은 엄청나게 더럽다. 하지만 단원이 넘어갈수록 페이지들은 점점 깨끗해지고 나중에 가서는 한 번도 공부하지 않고 버리는 경우가 있다. 우리는 이러한 과오를 범해서는 안 된다. 무엇보다 자신이 공부하려는 단원에 대해 처음부터 '촌놈 마라톤 뛰는 식'으로 모든지 다 이해하고 암기하려는 태도는 버려야 한다. 암기하려는 생각보다 그냥 책 읽듯이 단원에

서 뭘 얘기하고 있는지, 공식들이 어떻게 설명되고 있는지, 그 공식이 문제 풀이에 어떻게 적용이 되고 있는지 가벼운 마음가짐을 갖는 것이 중요하다. 그리고 나서 단원의 핵심을 파악할 줄 알아야 한다.

3. 단원의 핵심 파악하기

수학 선생님을 괴롭히자

수학 선생님들은 수학에 대해 많은 경험을 가지고 있다. 그렇기 때문에 수학 선생님들은 단원에서 무엇이 중요하고 핵심이 되는지 한눈에 안다. 또한 수학을 가르치면서 학생들이 범하는 실수와 문제 유형을 잘 알고 있다. 하지만 공부하는 학생들은 수학에 대해 아직 경험과 이해가 부족하다. 만약 단원의 핵심을 빨리 파악하고 싶다면 수업 시간도 좋고 쉬는 시간, 자습 시간, 아무 때나 수학 선생님을 괴롭혀라. 그러면 자신의 수학 성적은 올라가게 되어 있다.

수학 참고서나 문제집을 적극 이용하라

수학 참고서나 문제집을 보게 되면 각 단원에 대해 지금까지 수능에서 무엇이 어떻게 얼마나 출제되었는지를 보여주는 '출제 경향표'라는 것이 있다. 이런 경향 분석표를 적극 이용하면 보다 쉽게 공부할 수 있다. 이 출제 경향표는 수학 공부를 하는 데 있어 나침반 역할을 한다. 그래서 우리는 공부할 단원의 비중을 생각하며 공부할 수 있게 된다. 모든 걸 다 잘하면 좋겠지만 시간은 정해져 있고 공부할 양이 많다면 우선 순위에 따라 비중이 높은 것부터 먼저 공부하는 현명한 학생이 되어야 한다.

출제자가 되어 나름대로 단원에 대해 분석한다

배울 단원에 대해 무조건 무의식적으로 수학 공부를 하는 것은 시간과 노력 낭비다. 우등생의 십계명에서도 공부를 잘하기 위해서는 반드시 출제자의 입장이 되어야 한다고 했다. 수학 문제를 풀 때도 마찬가지이다. 문제를 내는 데에 반드시 출제자의 의도가 숨어 있다. 출제자에 따라 문제를 못 풀게 하기 위한 함정을 만들어 놓거나 보이지 않는 힌트를 주는 경우가 있다. 자신이 출제자가 되어 공부할 때 틀릴 수 있

는 함정과 실수를 피할 수 있고 보이지 않는 힌트를 이용해 문제를 맞게 풀 수 있는 것이다.

문제집 선택 및 활용

수학 참고서를 이용해서 수학적 개념 원리를 어느 정도 이해했다면 문제집을 어떻게 활용해야 하는지 알아보자.

참고서가 수학적 개념을 이해하는 데 도움을 주는 책이라면 문제집은 문제를 통해 사고력과 응용력을 기르는 데 도움을 주는 책이다. 그래서 사고력과 응용력 배양을 위해 많은 문제집을 푸는 게 좋겠지만 공부하는 입장에서는 수학뿐만 아니라 다른 과목들도 공부해야 되는 부담감이 있다.

기본적으로 문제집은 2권을 선택하라고 권하고 싶다.

한 권은 공부한 단원을 점검하고 이해하기 위해서 쉬운 참고서 같은 문제집을 선택하는 한편 다른 한 권은 배운 공식과 이론을 토대로 이용하고 응용할 수 있는 문제집을 선택하도록 한다. 이용과 응용은 음절 하나의 차이이지만 이 단어의 의미에는 엄청난 차이가 있고 우리가 문제집을 선택하고 문제를 풀 때는 이 두 단어를 모두 쓸 수 있도록 공부해야만 한다. 조금 더 욕심을 부린다면 세 번째 문제집은 수능 문제와 같은 문제집을 선택해서 공부해야 할 것이다. 그리고 만약 시간과 노력이 허용된다면 여러 권의 문제집을 사서 풀어보는 것이 좋은 방법이다.

문제집 선택이 끝났다면 어떤 방법으로 문제집을 공부해야 하는지 알아보자.

지금 설명하는 예는 3권의 문제집을 선택한 경우이다.

첫 번째로 참고서 같은 쉬운 문제집을 통해서 배운 공식과 이론에 대해 점검하고 어떻게 이용되는지 이해하고 알아야 한다. 그리고 두 번째 문제집은 첫 번째 문제집보다 조금 더 어려운 문제를 통해서 공부한 공식과 이론을 더 많이 사용하고 응용할 수 있도록 해야 한다. 마지막으로 진짜 수능 문제 같은 문제집을 통해서 실전과 같게 문제를 정해진 시간 안에 풀 수 있는 훈련을 해야 할 것이다.

우리는 모든 수학 문제집을 푸는 데 있어 문제 하나하나를 풀어나갈 필요는 없다. 가장 좋은 방법은 짧은 시간에 좋은 문제를 선택해서 공부하는 것이다. 따라서 많은 문제를 풀어보기보다는 문제집이 아깝더라도 좋은 문제를 찾아서 풀도록 해야 할 것이다. 자신의 수학 실력을 냉정하게 판단해 보고 필요한 문제를 선택해 풀 수 있도록 하자. 수학 공부를 잘하는 학생들이 가지고 있는 특징 중에 하나는 자신에게 필요한 문제만을 선택하고 우선 순위를 정해 푸는 습관이 있다는 것이다. 비록 문제집을 완벽하게 다 끝내지는 못했지만 좋은 문제를 뽑아서 풀어봄으로써 수학 실력과 사고력 · 응용력 향상에 도움을 얻을 수 있다. 이를 엑스(농축) 효과라 한다.

그렇다면 어떻게 수학 공부를 해야 하는지 구체적으로 알아보자.

수학을 잘하려면 이렇게 하자

승리 수학 암기 및 정리 노트 이용법

 우리는 고등학교 때까지 수학을 공부하면서 수많은 공식을 이해하고 암기해야만 한다. 중학교 때까지만 해도 많은 수학적 공식이 요구되지 않기에 암기하는데 별 어려움 없이 공부할 수 있었다. 하지만 고등학교부터 별것 아니었던 수학 공식들이 생각하기 싫을 정도로 불어나게 된다. 이는 문제를 풀기 이전에 공식 외우기를 포기하게 하고 결국 수학까지 포기하게 만든다.

그래서 처음에 강조를 했던 것이 바로 수학 개념 원리를 이해하라는 것이다. 수학 개념을 이해하게 되면 외우지 않아도 우리의 머리는 자동으로 암기하게 되어 있다. 이해한 것은 외운 것 같지 않으면서도 머릿속에 저장된다. 그래서 아무리 많은 공식이라 할지언정 이해하게 되면 우리 머릿속에 전부 저장되고 우리는 필요에 따라 이용할 수 있는 것이다.

그렇지만 수학 개념 원리를 이해하는 일은 말만큼이나 쉽지 않다. 그래서 만든 것이 수학 암기 및 정리 노트이다. 우리가 컴퓨터라면 굳이 이런 암기 및 정리 노트를 만들 필요가 없을 것이다. 하지만 우리는 인간이기에 기억의 한계가 있어 이런 암기 및 정리 노트가 필요하다.

앞에서 노트 만드는 방법에 대해 언급은 했지만 수학 노트는 조금 다른 방법으로 만들어야 한다. 그리고 수학 암기 및 정리 노트를 만드는 데 있어 몇 가지 주의해야 될 점이 있다.

중요한 핵심 이론 및 공식을 적어라

우리는 앞에서 세 가지 방법을 통해 어떻게 중요한 핵심을 파악하는 지에 대해서 배웠다. 처음부터 하나씩 전부 정리해 나가기란 쉬운 일이 아니며 자칫 시간과 노력을 낭비하는 결과를 만들어 낼 수 있다.

따라서 공부하면서 가장 필요하고 중요한 이론과 공식에 대해 우선 순위를 정하도록 한다. 그리고 나서 우선 순위에 따라 수학 암기 및 정리 노트를 만들도록 해야 할 것이다.

1. 단원을 대강 분석·파악하라.
2. 단원에서 중요 핵심을 찾아라.
3. 자기만의 방법으로 중요한 것에 대해 표시하라.
4. 중요도의 우선 순위를 결정하라.
5. 분석을 바탕으로 일단 단원에 대해 공부를 하라.
6. 우선 순위와 중요 핵심을 재정비하고 정말 중요하고 원하는 공식이나 이론을 수학 노트에 적어라.

필요한 예제나 설명을 적어라

하나의 예제가 10가지 공식과 이론보다 낫다는 말이 있다. 예제를 통해 우리는 직접 공식과 이론들이 어떻게 쓰이며 응용이 되는지 알 수 있다. 또한 부가적인 설명은 공식과 이론을 보다 잘 이해하고 암기하는 데 도움을 준다. 따라서 책에 나와 있는 내용을 베끼기보다는 자신만의 방법으로 설명을 적는 것이 바람직하다. 이는 나중에 노트를 보게 되더라도 짧은 시간에 정확히 자신이 약한 부분에 대해 알 수 있게 해준다. 그리고 이해하고 암기하는 데도 많은 도움을 준다. 하지만 많은 예제를 적기보다는 가장 좋은 한두 예제만 적도록 하자.

자신만의 방법으로 노트를 만들어 나가라

내 경우, 처음 수학 노트를 만들 때는 암기 노트와 이론 노트를 따로 분리해서 만들어 나갔다. 하지만 시간이 지나면서 필요한 공부를 할 때 다시 찾아야 되는 이중 작업이 되었다. 그래서 나중에는 암기 노트와 이론 노트를 합쳐 만들어 나가게 되었다.

그러면 공식과 함께 이론을 적을 수 있고 필요할 때마다 같이 볼 수 있기 때문에 수학 공부를 효율적으로 할 수 있었다.

노트를 만들다 보면 차례대로 만들기를 원하는 학생이 있다. 하지만 수학 공부 특성상 예습, 복습을 하게 되면 섞이게 마련이다. 따라서 일정한 차례에 따르기보다는 공부하는 일정에 맞춰 노트를 만들어 나가는 것이 좋다.

내 경우, 일단 노트가 완성이 되었으면 다음에 수학 공부를 할 때는 절대 수학 참고서나 교과서로 시작하지 않는다. 왜냐하면 교과서나 참고서로 수학 공부를 시작하면 다 중요한 것처럼 생각이 되고 그러다 보면 공부한 것도 없이 결국 책을 덮어버리게 되기 때문이다. 하지만 내가 만든 수학 노트로 공부를 시작하게 되면 배울 단원에 대한 분석과 파악이 끝나 있기 때문에 노트에 있는 정보는 될 수 있으면 전부 이해하고 암기한다는 생각으로 공부를 한다.

수학 노트로 공부할 때도 무엇을 공부할 것인지에 대해 생각을 해보고 대강 훑어본 다음 본격적으로 이해하고 암기한다. 이 때는 다른 내용을 생각하지 않고 별 부담 없이 수학 공부에 집중할 수 있었다. 중요 핵심 사항에 대해서만 이해하고 암기하기 때문에 다른 사람보다 빨리 수학 공부를 마칠 수 있었다.

다시 말하면 수학 공부를 시작할 때 교과서나 참고서로 먼저 공부하기보다는 자신이 만든 수학 노트로 공부할 단원에 대해 정확히 이해하고 암기를 한 다음, 교과서나 참고서를 보도록 한다. 그러면 이미 우리 머릿속에서는 나름대로 단원에 대해 정리가 되어 있기 때문에 교과서나 참고서를 공부할 때 중요한 핵심 내용만을 다시 체크하거나 이해하고 넘어갈 수 있다. 그리고 다른 사람보다 훨씬 수월하게, 더 집중력 있게 공부할 수 있게 되는 것이다.

수학 오답 노트 만들기

앞에서 수학 암기 노트 및 정리 노트 만드는 방법에 대해서 알아봤다. 이런 노트들을 통해 우리가 배울 단원의 기본적인 공식과 이론을 어떻게 공부하고 정리하는지 알아보았다. 그렇다면 '수학 오답 노트 만들기'를 통해서 틀린 문제에 대해 어떻게 공부해야 하는지에 대해서 알아보도록 하자.

수학 오답 노트를 어떻게 만드느냐에 따라 시간과 노력 낭비가 될 수도 있지만 자신의 수학 실력 향상에 많은 도움을 받을 수도 있다. 수학 오답 노트의 장점이라면 자신의 취약점을 알려주고 어떻게 극복해 나갈 수 있는 지를 알려주는 나침반과 같은 역할을 한다는 것이다. 하지만 아무리 좋은 나침반이라도 방향을 잘못 잡으면 결국 우리가 원하는 곳이 아닌 다른 방향으로 나갈 수 있다. 마찬가지로 수학 오답 노트를 채워가는 문제들도 자신의 취약점을 잘 발견하고 보완할 수 있는 문제들로 구성되어야 자신의 수학 공부에 많은 도움을 얻을 수 있다.

그렇다면 어떤 문제들을 골라야 하는지에 대해서 알아보자.

예를 들어 내가 만약 30문제 중에서 10문제를 틀렸다고 가정해 보자. 아무런 생각 없이 수학 오답 노트를 만드는 학생은 틀린 10문제에 대해 가위로 오려내기 시작할 것이다. 그리고 뒤에 나와 있는 해답지와 함께 오답 노트를 만들고 난 후 기쁨에 찬 미소를 지을 것이다. 미안한 말이지만 이 학생은 시간과 노력을 낭비하면서 자신의 수학 실력에는 별 도움이 되지 않는 수학 오답 노트를 만들었다.

　일단 틀린 10문제에 대해 해답을 보지 않고 다시 한 번 문제를 풀어보아야 한다. 틀린 10문제 중에는 실수를 해서 틀렸거나 계산 과정에서 틀렸거나 잘못된 공식을 가지고 문제를 푼 경우가 있기 때문이다. 이러한 문제는 일단 수학 오답 노트를 만드는 대상에서 제외해야 한다. 이와 같은 문제들은 문제를 풀 때 일어나는 실수와 혼동에 의해 틀린 것이기 때문에 얼마든지 고쳐 나갈 수 있다. 그리고 자신이 키우고자 하는 사고력과 응용력에는 아무런 상관이 없다. 결국 우리가 오답 노트를 만드는 이유도 응용력과 사고력이 결합된 좋은 문제를 뽑아내는 데 있다.

　이렇게 풀고도 틀린 문제가 남았다면 다시 한 번 틀린 문제에 대해 해답을 보지 않고 풀어보도록 한다. 이 때는 처음에 생각했던 방법과는 다른 방법으로 문제를 해결할 수 있도록 해야 한다. "모로 가도 서울로만 가면 된다."는 말을 잊지 마라. 어떻게 해서든 문제를 풀 수 있는 방법을 찾아야 한다. 하지만 이렇게 하고도 풀지 못한 문제가 있을 때 자신의 판단에 의해 가장 좋고 중요한 한두 문제를 수학 오답 노트에 정리하도록 하자.

　오답 노트를 만들 때 반드시 한 문제당 풀이 과정을 포함해서 한 페이지 분량으로 만드는 것이 좋다. 종이를 아끼기 위해 한 페이지에 많은 문제를 쓸 경우, 수학 오답 노트로서 가치가 떨어지고 오답 노트 이용하기가 불편하다. 문제를 노트 상단에 적고 서너 줄 건너뛰어 해답 과정을 적는다. 이 때 문제에 어떤 부분을 잘 이해하지 못했는지, 어느 부분을 잘못 생각했는지 나름대로의 분석을 간략하게 적는 것이 좋다. 혹은 중요 부분에 밑줄을 긋거나 자신만의 표시를 하는 것이 좋다.

　해답 풀이 과정은 두 가지로 나누어 하는 것이 좋다.

　처음 풀이 과정은 절대 답을 보지 말고 자신이 생각한 방법으로 해답을 작성하는 것이다. 그리고 해답을 봤을 때, 자신이 생각한 바와 다르다면 두 번째 풀이 과정으로 해답에 나온 것을 적어두는 것이다. 이 밖에 다른 생각이나 방법으로 문제를 풀었다면 덧붙여 보도록 하는 것도 좋은 방법이다.

　즉 이렇게 한 문제에 다양한 풀이법을 적는 이유는 모든 수학 문제에 있어 푸는 사람에 따라, 배운 정도에 따라 각기 다른 방법으로 문제를 풀어내기 때문이다. 수학에서는 각인각색(各人各色)이라는 한자성어가 맞는 것 같다. 그래서 오답 노트를 이용해서 이런 다양한 풀이 방법에 대해 생각하고 알아감으로써 우리의 사고력과 응용력을 키울 수 있다. 자신의 풀이법에 믿음을 가지며 다른 방법과 같이 생각할 수 있는 습관을 기르도록 하자.

수학, 재미있게 공부하기

음악을 들어 보자, 아니 음악을 이용해 보자

 서울로 가는 길에는 많은 길과 방법이 있다. 어떤 길을 선택하고 어떤 교통 수단을 이용하느냐에 따라 서울에 빨리 갈 수도 있고 늦게 갈 수도 있다. 가장 쉽고 빠른 길과 교통 수단을 이용해야 하는 것도 수학이고 어렵고 느릴 수 있지만 되돌아갈 줄 아는 방법을 알아야 하는 것도 수학이다. 예를 들어 우리는 서울로 쉽고 빠르게 가는 길과 교통 수단에는 비행기라는 것이 있다는 걸 알고 있다. 하지만 매일같이 비행기를 타고 서울에 가는 사람은 태풍이 불 경우 서울에 올라가기를 쉽게 포기해 버린다. 반면 어렵고 느릴 수도 있지만 기차나 고속 버스를 이용해 본 사람은 태풍이 불어도 적절한 교통 수단을 이용해서 서울이라는 목적지에 도착할 수 있을 것이다.

수학 공부도 마찬가지이다. 자신이 어떤 문제를 푸는 데 있어서 같은 방법으로 매번 똑같이 풀다 수능이라는 태풍이 불었을 때 풀지 못하면 당황하게

된다. 이런 당황은 심리적 불안감을 가져다 주고 이런 불안감 때문에 시간을 낭비하고 다른 문제까지 풀지 못하는 불행한 연쇄 작용이 발생한다. 그렇기 때문에 우리는 한 문제라 할지라도 항상 다른 방법을 생각해 보고 다른 각도에서 문제를 해결하는 습관을 길러야 한다. 어떤 학생은 한 문제에 대해 다양한 풀이 방법의 중요성에 대해 과소평가하는데, 비록 한 문제일지라도 다양한 방법으로 수학 문제를 푸는 것이 수학 실력을 향상시키는 지름길이요, 수학을 잘하는 방법임을 알려주고 싶다.

미국에서 내가 미국 학생들에게 수학을 가르치면서 인기있는 수학 과외 선생님이 될 수 있었던 이유도 해답지와 다른 다양한 방법으로 문제를 풀어주기 때문이다. 경우에 따라 해답보다 어렵게 문제를 풀 수 있지만 쉽게 문제를 풀 수가 있었다. 그렇지만 무엇보다 중요한 이유는 학생들이 문제 하나에 대해서도 다른 생각을 할 수 있고 다양한 풀이법이 있다는 것을 느끼기 때문이다. 그래서 해답과 다르게 문제를 푸는 나에 대해 유별나게 생각하고 대단한 사람으로 간주했는지 모르겠다. 이렇게 되기까지는 지난 학창 시절 수학 암기, 정리, 오답 노트를 만들고 공식과 이론을 정확히 이해하고 암기했기 때문에 가능했다. 또한 문제에 대해서 분석하고 나름대로 해법을 찾는 시간과 노력이 있었기 때문에 가능했다.

음악이 공부에 도움이 된다고는 앞에서 이미 언급했었다. 음악을 듣는 것이 아니라 음악을 이용한 배경 음악 효과를 통해서 우리는 집중력을 향상시킬 수 있었다. 뿐만 아니라 음악을 들으면서 수학 공부를 하게 되면 양쪽 뇌를 같이 사용하여 공부에 대한 시너지 효과도 얻을 수 있을 것이다.

고등학교 시절 내 주위에 수학을 잘하는 친구들을 유심히 관찰하게 됐다. 그 결과 한 가지 공통점을 발견할 수 있었는데 대부분은 수학 공부를 하면서 '메탈리카' 라는 음악을 듣고 있었다. 시끄러운 음악을 들으면서도 수학 공부를 잘한다는 것이 나에게는 커다란 궁금증이 되었다. 나름대로 고민하고 생각하다가 말하기는 창피하지만 '메탈리카 음악이 수학을 잘하게 해주는 것이구나' 라는 결론을 얻었다. 지금 생각하면 무슨 생각으로 이러한 결론을 얻었는지 이해를 못 하겠다.

당시 난 마치 대단한 발견을 한 것처럼 다음 날 CD를 구해 다음 수능 모의 고사를 볼 때까지 한 달 내내 음악을 들었다. 드디어 수능 모의 고사날, 스스로가 메탈리카 음악의 신비성에 내심 기대를 걸고 수능 모의 고사를 치렀지만 결과는 참담했다. 모의 고사 역사상 가장 낮은 22점이 나왔다. 어리석은 내 자신을 탓하고 원망을 했지만 결국 엎질러진 물이었다. 끝내 음악에 대한 해답을 찾지 못하고 고등학교 생활을 마쳤다.

하지만 '시간이 약(Years bring wisdom)' 이라 했던가! 시간이 지나면서 음악이 공부에 미치는 영향을 나름대로 깨닫게 되었다. 앞에서 언급했듯이 수학 공부를 잘한 학생들은 음악을 듣는 것이 아니라 이용을 하고 있었던 것이다. 수학 공부를 해본 학생이라면 쉽게 지루하다는 생각을 할 것이다. 한두 문제 풀다가 몸을 뒤척이고 왔다갔다 하다 보면 시간은 빨리 지나가고 많은 공부를 하지 못하게 된다. 그래서 수학을 잘하는 학생들은 이런 지루함을 없애고 좀더 재미있게 공부하기 위해서 음악을 듣는 게 아니라 음악을 이용하고 있는 것이다.

그리고 또 다른 이유란 음악을 이용해 집중력을 배로 향상시키면서 문제를 풀고 있었던 것이다. 수학을 잘하는 학생들은 음악을 들으며 집중력과 함께 양쪽 뇌를 효율적으로 이용하기 때문에 시너지 효과가 크게 나타난다. 그렇지만 처음부터 음악을 들으면서 수학 공부를 하게 되면 쉽게 적응이 잘 되지 않는다. 오히려 음악을 듣는 것 자체가 공부에 방해가 될 수 있다.

만약 음악 듣기가 방해가 되는 학생이라면 음악을 들으면서 수학 공부를 할 대 가장 자신 있는 단원이나 쉬운 부분을 선택해서 공부하라고 말하고 싶다. 이렇게 하면 '음악이 방해 된다' 는 생각을 없앨 수 있다. 왜냐하면 자기가 자신 있고 쉬운 부분을 골라 수학 공부를 하기 때문에 음악을 들어도 별 방해 없이 공부를 할 수 있다. 이렇게 계속 하다 보면 음악을 즐기면서 수학에 집중해서 공부할 수 있게 된다.

시작하는 모든 일에는 고비라는 게 생기게 마련이다. 나도 이 방법을 이용하면서 '과연 성공할 수 있을까? 좋은 방법일까?' 라는 생각을 하루에도 수없이 했다. 그렇지만 시간을 두고 인내를 가지고 수학 공부법에 적용시킨 결과 드디어 음악을 듣는 게 아니라 음악을 이용하면서 수학 공부를 잘할 수 있게 되었다. 이는 수학을 재미있는 과목으로 만들어 주었고 20분만 공부해도 안절부절 하던 나를 음악을 즐기며 한 시간, 두 시간 이상을 집중력 있게

수학에 도움이 되는 음악들

모차르트의 〈두 대의 피아노를 위한 소나타〉, 차이코프스키의 바이올린 협주곡, 교향곡 〈비창〉, 슈베르트의 교향곡 5번, 베토벤의 교향곡 5, 6번, 피아노 소나타, 드보르작의 신세계, 바흐의 관현악조곡과 무반주 첼로조곡들, 비발디의 플루트 협주곡과 바이올린 협주곡 사계, 헨델의 하프 협주곡과 수상음악, 하이든의 현악 4중주들, 그리고 모차르트의 피아노 협주곡과 세레나데

공부할 수 있도록 만들어 주었다.

음악 이용법을 하다 보면 이런 질문도 생각할 수 있다.

"음악을 듣고 수학 공부를 하다가 시험 볼 때는 음악이 없는데 어떻게 해야 합니까?" 이런 학생은 내가 왜 음악을 듣지 말고 이용하라고 했는지에 대해 아직 완전하게 이해를 하지 못했다. 다시 한 번 강조하지만 우리가 결국 음악을 듣는 이유도 집중력을 향상시키고 양쪽 뇌를 균형 있게 이용하여 시너지 효과를 얻는 데 있다. 파블로프의 '조건반사 실험' 처럼 종을 칠 때마다 밥을 주는 것으로 생각하고 침을 흘리는 개가 되어서는 안 될 것이다.

이 밖에 음악이 수학에 도움이 된다는 연구로서 캘리포니아 주립대학의 프란 로셔어 박사와 고든 쇼우 박사는 최근에 미국의 주간 내셔널 인콰이어러지에 자신들의 연구결과를 소개하며 "특히 수학과 과학에 소질 있는 아이를 키우고 싶다면 자주 모차르트 음악을 들려줘야 한다."고 주장했다.

효과적으로 재미있게 수학 공부하기

먼저 수학 문제를 잘 푸는 학생을 보자.

이런 학생은 무턱대고 문제부터 풀지 않는다. 그들은 무엇보다 문제를 잘 읽고 문제에서 묻는 게 무엇인지, 요구하는 게 무엇인지, 그 요구하는 바를 어떻게 얻어야 되는지, 자신이 알고 있는 공식과 이론을 어떻게 문제에 효과적이고 합리적인 방법으로 적용해야 하는지 곰곰이 생각한다.

또한 이들은 문제를 해결해 나가는 과정에 있어서 실수와 함정을 고려하면서 문제를 풀어간다. 그리고 마지막으로 자신이 푼 문제에 대해 실수는 하지 않았는지, 문제에서 만든 함정에 걸리지 않았는지를 반드시 점검한다.

이 글을 읽는 자신은 어떠한가 생각해보라.

자신이 이처럼 문제를 풀기 이전에 수많은 과정을 생각하고 계획하고 문제를 풀려고 했던가? 대부분 학생들의 대답은 'Yes' 보다 'No' 가 많을 것이다. 아직도 많은 학생들은 자신이 외운 단순한 공식이나 이론을 가지고 눈에 보이는 대로 문제를 풀어나가려 한다. 이 때문에 출제자가 만든 함정에 빠지거나 실수를 하게 된다. 그래서 우리는 수학을 잘하는 학생처럼 생각하고 분석하고 계획하고 정확한 진단에 따라 문제를 해결해 나가도록 해야 한다.

문제 파악 → 문제를 정확히 읽어라

이 말에는 많은 의미가 함축되어 있다.

첫 번째로 문제를 정확히 읽어 착각하는 경우가 없어야 한다. 착각을 하게 되면 문제 자체를 잘못 이해하고 풀게 된다. 그러면 결국 출제자의 함정에 빠져 오답(誤答)을 구하게 되며 시간과 노력을 낭비하게 된다.

두 번째로 출제자의 의도를 예상하면서 읽어야 한다.

출제자의 의도를 예상하면서 읽는 사람은 출제가 만든 함정을 생각하고 출제자의 보이지 않는 힌트를 잡아낼 수 있다. 그러면 문제에서 묻는 바를 정확히 알고 실수를 하지 않고 힌트를 이용하여 문제를 풀 수 있다.

세 번째로 문제에 포함되어 있는 수학적 용어를 정확히 알아야 한다.

이를 위해 수학 공부를 할 때 수학적 용어를 정확히 알려고 노력하며 공부하는 자세가 필요하다. 때로는 수학적 용어만 제대로 알고 있으면 문제 풀이의 실마리를 얻어 문제 푸는 데 많은 도움을 받을 수 있다.

문제 분석

→ 문제에서 무엇을 묻고 요구하고 있는지 알아야 한다

많은 학생들의 경우 문제를 풀면서 과거 자신이 풀었던 문제 풀이 방법을 생각하기 쉽다. 자신이 풀었던 풀이 과정을 생각하고 새로운 문제를 풀려고 하지만 이는 분명 잘못된 생각이며 수학 문제를 더욱 어렵게 만드는 것이 된다. 물론 풀이 과정을 정확히 이해한 학생이라면 적지 않은 도움을 받을 것이다. 하지만 잘못된 방법은 오히려 오답으로 가는 지름길이 될 수도 있다. 따라서 우리는 새로운 문제가 나올 때 당황하지 않게 문제 분석을 해야 한다는 것이다. 똑같은 문제라도 문제 분석에 따라 쉬운 문제가 될 수도 있고 어려운 문제가 될 수도 있다. 그리고 출제자의 의도를 정확히 파악할 수 있게 되어 올바른 풀이법으로 답을 구하게 된다. 이 때문에 문제를 읽으면서 무엇을 묻고 요구하는 지를 정확히 분석해야 한다.

여기서 잠깐 '문제를 분석(分析)한다' 는 말에 대해서 생각해 보자.

'문제 분석', 이 말은 쉬우면서도 어려운 말이다. 많은 학생들은 분석이란 말에 대해 수없이 들어왔지만 정작 어떻게 분석을 해야 할지 모르는 경우가 종종 있다. 일단 '분석' 의 의미를 살펴보면 '복잡한 현상을 단순한 성분으로 해체하는 절차' 라고 정의(定義)되어 있다. 즉 우리가 수학 문제를 풀 때, 문제에서 묻고 요구하는 바를 정확히 이해한 다음 어떤 수학 공식과 이론을 이용해서 문제를 풀어 나갈 것인지에 대해 생각하는 것이다. A라는 문제를 풀기 위해 많은 공식과 이론들 중에서 가장 빠르고 좋은 방법을 생각해야 한다. 그리고 그런 방법을 통해 출제자가 만든 함정을 생각하며 문제를 해결해야 한다.

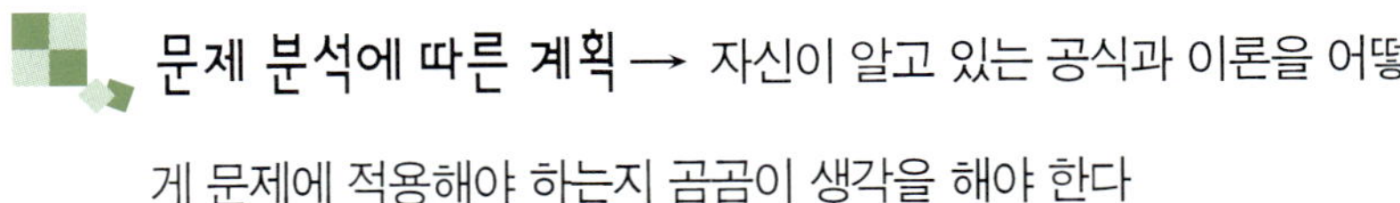

문제 분석에 따른 계획 → 자신이 알고 있는 공식과 이론을 어떻게 문제에 적용해야 하는지 곰곰이 생각을 해야 한다

문제를 읽고 자신이 알고 있는 공식과 이론이 있다고 해서 무턱대고 문제 풀기를 시작하는 이는 어리석은 사람이다. 앞에서 언급했듯이 출제자들은 어려운 문제보다 함정에 빠지기 쉬운 문제 만들기를 좋아한다. 그래서 문제와 관련된 공식과 이론을 생각했다면 어떻게 합리적인 방법으로 문제에 응용해야 하는지를 한 번 더 생각해야 한다. 경우에 따라 똑같은 공식과 이론이라 할지라도 약간은 변형된 방법으로 문제 해결을 할 때도 있음을 알아야 한다.

실수와 함정을 조심
→ 문제 풀이 과정에서 실수와 함정을 조심해야 한다

문제를 잘 읽고 문제 분석을 통해 공식과 이론을 생각해 냈다면 이제 문제 풀이로 들어가야 할 것이다. 이 때 중요한 점은 문제 해결 과정에 있어 어떤 부분에서 실수를 하지 않아야 하는 것인지, 어떤 함정들을 조심해야 할 것인지를 생각하면서 문제를 풀어야 한다는 것이다. 아무리 좋은 공식과 이론이라 하더라도 사소한 실수에 사장(私藏)되는 경우가 있다. 그래서 우리에게 요구되는 자세는 연습을 실전처럼 하는 것이다. 이런 연습을 통해서 자신의 실수를 극복하게 되고 함정을 피할 수 있게 된다.

빠르게 점검 → 다 풀고 나서는 반드시 점검을 하도록 하자

마지막으로 자기가 실수를 하지 않았는지, 문제에서 만든 함정에 걸려들지 않았는지, 계산은 맞게 했는지 빠른 속도로 점검하도록 하자. 어렵게 한 문제를 풀어 맞는 것도 좋지만 푼 문제들을 점검해서 틀리지 않도록 하는 것도 중요하다. 시간이 많지 않다면 모르는 문제를 한 문제 더 풀기보다는 풀었던 문제를 정확히 풀었는지 확인하는 자세가 바람직하다. 모르는 문제는 틀릴 확률이 높지만 풀었던 문제를 점검하게 되면 맞을 확률이 높아지기 때문이다. 그렇기 때문에 푼 문제에 대해 반드시 점검하는 습관을 갖도록 하자. 다시 한 번 수학 문제 푸는 방법에 대해 정리하면,

1. 문제를 정확히 읽어라.   2. 문제 분석을 하라.
3. 문제 분석에 따른 계획을 세워라.   4. 실수와 함정을 조심해서 풀어라.
5. 점검을 하도록 하자.

이런 순서대로 수학 문제를 해결해 나간다면 좋은 성적이 나올 것이다.

Mathematics

암기하는 수학에서 생각하는 수학으로 바꾸기

앞에서 언급한 수학 암기 및 정리 노트를 이용해 이론과 공식을 이해하고 암기하는 것은 외우는 수학이다. 그리고 문제집을 통해 사고력과 응용력을 키우는 과정이 외우는 수학에서 생각하는 수학으로 넘어가는 과도기이다. 공부를 하면서 틀린 문제를 통해 자신의 취약점을 알고 원인 분석을 하여 다양한 방법을 통해서 문제 해결을 하는 것이 생각하는 수학이다. 이렇게 3단계 방법으로 차근차근 공부를 하다 보면 결국 외우는 수학에서 생각하는 수학으로 바뀌게 되는 것이다.

많은 학생들은 생각하는 수학에 대해 어렵게 생각한다. 학생 중에는 머리가 뛰어나서 선천적으로 수학을 잘하는 학생이 있는데 이런 학생들도 기본적인 이론과 공식을 암기하고 있다. 이들이 가지고 있는 특징이라면 외우는 수학과 생각하는 수학이 동시에 이루어진다는 점이다. 그렇지만 대부분의 학생은 그렇지 못하기 때문에 우리는 훈련이란 것을 통해 외우는 수학에서 생각하는 수학으로 끊임없이 노력하고 반복 학습을 통해 만들어 나가도록 해야 한다.

생각하는 수학을 공부하는 방법은 다양하다. 앞에서 언급한 스터디 그룹이 생각하는 수학에 많은 도움을 줄 수 있다. 멤버를 잘 구성한 다음 모르는 문제를 가지고 서로 의견과 생각을 주고받다 보면 다양한 방법이 나오게 되어 문제를 해결하게 된다.

수학은 양보다 질이라는 말이 있다. 무엇보다 생각하는 수학을 하기 위해서는 양보다 질로서 승부를 거는 것이 바람직하다. 어느 정도 기본적인 이론과 공식의 체계가 잡힌 학생이라면 사고력과 응용력을 위해서라도 질로 공부하는 습관을 만드는 것이 좋다.

문제에 우선 순위를 두고 가장 중요하고 자신에게 필요한 문제부터 차례대로 풀어본 다음 시간이 있다면 나머지 문제들까지 풀어보는 것이 바람직하다. 이러한 방법이 수학을 잘하는 학생들이 즐겨 쓰는 '10문제 = 100문제'이다. 비록 푸는 문제는 10문제에 지나지 않지만 적은 문제를 정확하게 다양한 방법으로 풀어봄으로써 100문제 이상의 효과가 나타난다는 것이다. 이를 위해 앞에서 언급했듯이 좋은 문제를 뽑을 수 있는 선별력을 갖고 문제를 풀 수 있도록 해야 한다.

여기서 잠깐! 문제에 대한 선별력 기르기

수학 공부를 잘하는 학생이 가지고 있는 특징 중에 하나는 많은 문제 중에서 좋은 문제만을 뽑아내는 문제 선별력을 가지고 있어 엑스(농축) 효과를 본다는 것이다. 그렇기 위해서는 자신의 취약점을 먼저 파악하고 기출 문제를 통하여 어떤 문제가 중요하고 많이 출제되었는지 아는 것이 중요하다. 자신의 취약점을 보강해 줄 수 있는 문제와 중요도가 높고 많이 출제되는 문제를 풀어봄으로써 단기간에 많은 효과를 거둘 수 있다.

내 경우 수능 공부를 하면서 한 문제에 대해 많게는 하루 동안 생각을 한 적이 있었다. 지금 생각해보면 어리석은 짓이었는지 모르지만 당시에는 오기로 반드시 풀고야 말겠다는 생각 때문에 그렇게 했다. 문제를 생각하는 동안 많은 공식과 이론들을 생각하고 교과서와 참고서를 봐야 했다. 그리고 '잘못 외운 공식과 이론 때문에 문제를 못 풀지 않았을까?'라는 생각 때문에 외운 공식도 다시 한 번 점검하고 공식과 이론들을 문제에 접목시켜 문제를 풀기 위해 부단히 애썼던 기억이 지금도 생생하다. 결국 문제를 풀어냈고 그 과정에서 많은 것을 공부하고 점검할 수 있게 되었다.

수학, 보이지 않는 1%를 위해

다양한 문제 해결의 방법들을 알도록 하자

식을 세워보자

문제를 읽고 이해를 한 다음에 식을 세우는 일이 손으로 푸는 중요한 첫 번째 작업이다. 식 세우기는 문제를 해결하는 방법에 있어 학생들이 가장 많이 사용하는 방법이다. 똑같은 문제라도 식을 어떻게 세우느냐에 따라 문제의 난이도가 달라지는 경우가 있다. 식을 잘 세우기 위해서는 나름대로 문제 분석력을 가지고 다양한 풀이 방법에 대해 연습을 통해 미리 숙지하고 있어야 한다. 이런 바탕 지식으로 쉽고 짧은 식을 세워 문제를 풀 때 우리는 실수를 줄일 수 있고 짧은 시간에 정확하게 문제를 풀 수 있다.

그림(표, 그래프)을 잘 이용하자

이 방법은 문제를 쉽고 빠르게 푸는 데 많은 도움을 준다. 이는 우리가 시각적으로 이해하는데 도움을 주기 때문에 문제를 효과적으로 쉽게 풀 수 있게 된다. '그림 그리기'를 한다는 말은 문제를 읽고 문제에서 요구하는 바를 그림을 표현하거나 표를 만든다거나 그래프를 그리는 것이다. 똑같은 문제라 할지라도 글로 쓰여진 문제와 그림으로 표현된 문제를 비교해 봤을 때, 많은 학생들이 "그림으로 표현된 문제들이 훨씬 더 이해하기 쉽다."라고 말한다. 그렇기 때문에 문제를 풀면서 가능한 그림을 그려 문제 해결을 하도록 하자. 특히 도형이나 삼각함수 같은 기하학적인 문제에서는 '그림 그리기' 해결 방법이 거의 필수임을 다시 한 번 강조한다.

숨어 있는 규칙성을 찾아보자

규칙성을 찾는 문제라면 고등학교 수학인 '수열' 단원이 절대적일 것이다. 수열(數列), 문자 의미 그대로 '어떤 일정한 규칙에 따라 배열되어 있는 수의 나열'이기 때문에 우리는 이 '어떠한 일정한 규칙'을 발견할 수 있도록 해야 한다. 일정한 수를 전부 나열해서 답을 찾거나 문제에서 요구하는 바를 직접 하나씩 대입하는 것도 좋다. 하지만 궁극적으로 이러한 과정을 통해 일정한 규칙을 잘 찾을 수 있도록 많이 생각하고 다양한 방법으로 풀어 봐야 할 것이다. 규칙성을 잘 발견하기 위해서는 문제에서 보여 주고 있는 조건이나 자료를 잘 관찰하는 것도 중요하다.

문제를 논리적이고 합리적인 방법으로 생각하자

이 말은 너무나 당위성(當爲性) 있는 말이지만 많은 학생들이 답만 맞추기에 급급하다. 아무리 "모로 가도 서울만 가면 된다."고는 하지만 비논리적이고 비합리적인 방법으로 답을 찾는다는 것은 이치에 맞지 않는다. 수학 문제를 잘 찍거나 우연치 않는 방법으로 답을 맞추는 것은 의미가 없다. 수학 문제를 볼 때마다 항상 잘 찍어서 답을 맞출 수 없고 수능 시험에서는 이러한 방법들은 절대 허용되지 않음을 알아야 한다. 힘들겠지만 문제를 풀 때마다 우리가 공부한 공식과 이론을 이용해서 논리적이고 합리적인 방법으로 문제 해결을 하도록 해야 할 것이다.

구체화 혹은 특수화해 보자

문자 대신에 숫자를 대입하는 방법이다. 중학생이 되고 산수가 아닌 수학을 공부하게 되면서 문자라는 것을 쓰기 시작한다. 이렇게 문제가 쓰이기 시작하면 많은 학생들은 수학 문제 자체가 어렵다고 생각하게 되고 문제 풀기를 두려워하게 된다. 그래서 체감 난이도가 높아서 문제를 어렵게 생각해 쉬운 문제도 틀리게 된다. 따라서 우리는 특수화(特殊化)라는 방법을 이용해 문자 대신 숫자를 대입해 봄으로써 식을 구체화시켜 보자.

만약 $x+y=2$ 하면 x와 y를 만족하는 값은 많이 있을 수 있다. 그런 많은 값들 중에 x, y를 만족시키는 값을 찾은 다음 찾고자 하는 값에 넣는다면 문제가 쉽게 풀릴 것이다.

수학에서 문자라는 것도 결국 숫자로 답이 구체화(具體化)되어 구해지는 것임을 알아야 한다.

올바른 수학 공부를 하는 자세

수학은 자기 스스로 공부하는 과목이다

여러분이 스타 크래프트란 게임을 할 때 자기 대신 남이 게임을 해주는 경우는 없을 것이다. 게임을 즐기고 이기고자 한다면 자신이 스스로 연구하고 노력하는 수밖에 없음을 잘 알 것이다. 수학 공부를 할 때도 스스로 공부하는 자세가 필요하다. 우리가 수학을 공부하는 이유는 사고력과 응용력을 키워 비합리적인 사고를 지양하기 위해서 이다. 이를 위해 우리는 무엇보다 외우는 수학에서 벗어나 생각하는 수학을 공부해야만 되고 결국 자기 스스로가 공부하는 자세를 가져야 한다. 스스로 공부를 하다 보면 우리는 두 가지 즐거움을 맛볼 수 있다. 수학 개념 원리를 공부하면서 어떻게 해서 그 공식이 우도되었는지 그 과정을 이해할 때, 그리고 그 이해한 공식과 유도 과정을 문제에 적용시켜 문제를 풀어나갈 때 우리는 수학을 공부하는 즐거움을 느끼게 되는 것이다.

해답을 보지 마라

스타 크래프트 게임에서 맵핵을 쓰는 사람이 있다면 절대 고수가 될 수 없다. 여러분이 수학 공부를 할 때 해답을 보는 습관이 있다면 이는 스스로 공부하는 자세가 아니다. 해답지라는 맵핵은 자기 만족을 위해 보는 것일 뿐 수학 실력 향상에는 절대 도움이 되지 않는다. 또한 해답을 보는 순간, 여러분 머리에는 강박 관념이라는 틀에 박힌 사고가 형성되며, 이러한 사고는 창의적이고 다양한 생각 자체를 원천적으로 봉쇄해 버린다. 나도 중·고등학교 때까지는 아무런 생각 없이 해답이란 맵핵을 죄책감 없이 사용했다. 뒤늦게야 잘못 되었음을 깨닫고 고치려 했지만 해답을 처음부터 보지 않는 사람보다 몇 배 더 노력하고 생각하는데 많은 시간을 투자해야만 했다. 그렇기 때문에 공부하는 학생이라면 지금부터라도 자신의 강박 관념을 만들지 않기 위해 해답지라는 맵핵에서 벗어나야 할 것이다.

문제 풀기를 두려워하지 마라

많은 학생들이 수학 공부를 할 때 지양해야 할 자세 중에 하나는 문제를 풀기 이전에 포기를 해버리는 자세이다. 이런 학생들은 아직 수학을 공부하면서 느끼는 두 가지 즐거움을 모르기 때문에 그렇다. 그리고 풀어도 틀리기만 하는 문제들 때문에 쉽게 손은 해답지로 옮겨가고 결국 자신이 문제를 푸는 게 아니라 해답을 보고 문제를 푸는 잘못된 습관이 만들어진다.

문제를 풀어서 틀려도 괜찮다. 하지만 해답은 보지 말자. 풀어서 틀렸다면 왜 틀렸는지를 분석하고 연구해 보자. 그리고 취약점과 문제점을 발견하고 그 부분을 나름대로 공부하면서 보완해 보도록 하자. 처음부터 쉽게 문제를 풀어가면서 다 맞게 풀지는 못할 것이다. 하지만 이런 보이지 않는 노력은 나중에 좋은 성적으로 원하는 학과와 대학이라는 결실로 맺어짐을 알아야 할 것이다.

냉철히 자신을 판단하라

수학을 잘하는 또 하나의 자세는 자신에 대해 냉철하게 판단하라는 것이다. 고등학교 시절 최악의 점수를 맞고 내 자신의 수학 실력을 냉정하게 평가해 보기로 했다. 그 결과 중학교 3학년 실력밖에 되지 않음을 깨닫게 되었다. 즉 배우는 수준은 고등학교 과정이지만 사고력이나 응용력에 있어서는 중학교 수준에서 벗어나지 못하고 있었다. 그리고 수학 공부를 하면서 나도 모르게 자신을 합리화하고 있었다. '자신의 합리화'란 정말 무서운 말이다. 이 말 한마디면 모든 게 용서가 되고 어떤 이유든 정당화되어 버린다. 실수를 하고도 '괜찮아, 다음부터 잘하면 되지'라고만 생각하고 대응책이 없는 것은 자신의 합리화이다. 우리는 빨리 자신의 합리화에서 벗어나야 한다. 냉철한 판단을 통해 내 자신의 수학 능력을 깨닫게 된 나는 늦었지만 다시 중학교 3학년 수준부터 차근차근 공부했다. 시간과 노력은 남들보다 많이 들었지만 이러한 수학 공부 과정은 결국 미국에서 수학이란 과목을 잘하게 만든 원동력이 되었다.

자존심을 버려라

수학을 잘하는 자세 중에 하나는 자존심을 버리라는 것이다.

'불치하문(不恥下問)'. 이 말은 아래 사람에게 배우는 것을 부끄럽게 여기지 않음을 의미한다. 수학을 공부할 때도 마찬가지다. 모르는 문제가 있으면 친구나 선생님한테 물어 반드시 알고 넘어가도록 해야 한다.

때로는 자기보다 못 한 학생이라도 더 좋은 방법으로 쉽게 문제를 푸는 경우가 있다. 대부분의 학생들은 수학 풀이는 멋지고 많은 공식을 써가며 풀어야 되는 것으로 착각하고 있다. 이런 방법이 나쁘다는 것이 아니라 짧고 편한 방법이 있음에도 불구하고 어렵게 푸는 어리석은 행동을 하면 안 된다는 것이다.

그렇다면 친구나 선생님한테 질문을 할 때 어떻게 해야 하는가? 모르는 문제가 나왔을 때 누군가에게 물어본다는 것이 좋은 방법이다. 하지만 물어볼 때에도 주의해야 될 점이 있다. 바로 모르는 문제를 완벽하게 자기 것으로 만들어 가라는 것이다. 문제를 풀지 못했다고 해서 친구나 선생님한테 가서 아무 생각 없이 물어보고 해결책을 얻는 것은 자신의 수학 실력에 도움이 되지 않는다. 반드시 문제를 풀면서 막힌 부분에 대해 묻고 해결할 수 있을 때 우리 뇌의 기억 장치는 오랫동안 기억하게 된다. 이를 메모리 이펙트(Memory Effect)라 한다.

실수를 하지 마라 (There is no excuse in the Math)

이 말은 내가 미국에서 학생들을 가르치기 전에 항상 하는 말이다. 실수란 앞서서 언급했지만 자기 합리화에 의해 정당화되는 이유 중에 하나이다. 이는 눈에 보이지 않는 장애물로서 우리의 수학 실력 향상에 많은 걸림돌이 된다. 실수를 하고도 자기 합리화에 빠져 계속 고치지 않고 공부를 하다 보면 나중에 가서는 습관이 되어 버린다. 이러한 습관은 결국 대학 수학 능력 시험까지 이어져 자신이 가고자 하는 학과나 대학에 큰 영향을 끼친다. 실수를 다르게 말하면, 자신의 보이지 않는 아킬레스건과 같다고 말할 수 있다. '자기 자신의 최대 약점인 동시에 알면서도 고치기 힘든 병'이라고 할까? 많은 학생들이 지금도 이런 말을 한다. "이거 맞을 수 있었는데 아깝게 틀렸다.", "빼야 되는데 더했다.", "숫자나 부호를 잘못 봤다." 등. 이러한 것들은 자신의 실수이자 실력이라고 생각해야 한다. 반면 수학을 잘하는 학생의 특징은 사소한 실수도 절대 하지 않는다는 것이다. 실수가 있다고 하더라도 간과하지 않고 반드시 찾아 내어 반복적인 실수를 하지 않는다는 것이다. 이런 실수는 반복 학습의 훈련을 통해서 바로잡을 수 있도록 해야 한다.

매일 꾸준히 공부하자

마일 꾸준히 공부를 하는 이유는 수학적 감각을 유지하기 위해서다. 수학적 감각이란 문제를 해결하면서 자동적으로 공식과 이론들을 불러오는 기능을 한다. 선천적으로 수학적 감각을 타고난 사람도 있지만 후천적으로 수학적 감각을 개발할 수 있다. 쉬운 일은 아니지만 많은 문제들을 접하면서 공식과 이론들을 이용하고 응용할 때 수학적 감각은 자신도 모르게 조금씩 만들어지게 된다. 이렇게 공부를 하면서 수학적 감각을 만들기도 쉬운 일이 아니지만 수학적 감각을 유지하는 것도 결코 쉬운 일이 아니다. 그렇기 때문에 우리는 수학적 감각을 유지하고 문제 푸는 데 활용하기 위해 수학 공부를 하루도 거르지 않고 해야 한다. 그렇다고 몇 시간씩 붙잡고 수학 공부를 하라는 말은 아니다. 자신이 생각하기에 수학적 감각을 유지할 수 있을 정도의 문제와 시간을 정한 후 공부할 수 있도록 해야 한다. 그래서 우리에게 필요한 것은 계획적인 수학 공부이다.

 ## 계획을 세워 수학 공부를 하라

계획을 세워 수학 공부를 한다는 것은 말처럼 결코 쉬운 일이 아니다. 많은 학생들이 작심삼일(作心三日)의 계획을 세웠다가 중도 포기한다. 자신의 지나친 욕심 때문이다. 이런 과욕(過慾)은 많은 양의 공부를 하기 위해 거창한 계획을 세우게 만든다. 처음에는 자신의 오기와 욕심 때문에 계획을 잘 지켜나가지만 역시나 '작심삼일'이 되고 만다. 그렇기 때문에 자신의 계획을 살펴봤을 때 무리하게 욕심을 부려 계획을 세우지 않았나 항상 점검하고 실천 가능한 계획을 세우도록 한다. 자신이 할 수 있을 만큼만 꾸준히 지켜나갈 때 수학을 잘할 수 있다.

예를 들면, 마라토너인 이봉주 선수를 생각해 보라.

이봉주 선수는 프로다. 프로는 프로답게 과학적·체계적으로 계산된 양에 따라 마지막 시합을 목표로 계획을 세우고 세운 계획에 따라 단계별로 훈련을 한다.

하지만 그렇지 못한 사람은 흔히 '촌놈 마라톤 뛰는 식'의 계획을 세워서 훈련한다. 이런 선수는 시합에 나가도 결국은 좋은 결과를 얻지 못하는 것이다. 수학 공부도 마라톤과 같다. 끝까지 목표점을 향해 쉬지 않고 자기 페이스를 유지하면서 뛰는 사람만이 마지막에 가서 좋은 성적을 거둘 수 있다.

예습과 복습을 하자

예습은 말 그대로 미리 공부하는 것을 의미하며, 복습은 배운 내용을 다시 한 번 되새기며 공부하는 것을 의미한다. 수학 공부에서 예습과 복습의 비중은 공부하는 스타일에 따라 다르게 배분하여 공부하는 게 좋다.

하지만 한 가지 분명한 점은 수학 공부에서 예습과 복습이 반드시 병행이 되어야 한다는 것이다. 내 경우, 예습에는 20~30% 정도의 시간과 노력을 투자하고 복습에는 70~80% 정도의 시간과 노력을 투자한다. 물론 사람마다 차이가 있을 수 있지만 나에게는 이 정도의 비율이 가장 합리적이라고 생각하기 때문이다.

나의 판단으로는 예습도 중요하지만 복습은 예습보다 더 중요한 것 같다. 혼자서 예습을 하기는 쉽지 않다. 무엇보다 배우지 않은 단원을 스스로 읽고 공식과 이론을 이해하는 것은 시간과 노력이 배로 투자되어야 하기 때문이다. 반면, 복습은 학교나 학원에서 단원에 대해 배우고 이해한 것을 토대로 공부를 하기 때문에 예습보다는 시간과 노력을 많이 절약할 수 있다. 그리고 너무 많은 시간과 노력을 예습에 투자해 버리면 학교에 가서 자칫 흥미를 잃거나 수업 시간에 딴 짓을 하는 일이 생길 수 있다. 그러므로 예습을 적당하게 하되 가장 기본적으로 무엇에 대해 배울 것인지, 배우고 있는 단원과 어떤 연관성을 가지고 있는지, 어떤 공식과 이론들이 소개되어 있는지 간략히 알고 가는 것이 중요하다. 그리고 복습은 지금까지 설명해 왔던 수학 공부 방법으로 완전히 자신의 것으로 만들어야 하고 반드시 배운 공식과 이론을 문제를 통해서 이용하고 응용할 수 있도록 해야 한다. 수학을 공부하는 학생도 예습과 복습의 비중을 생각하고 합리적인 비율을 찾아 병행해서 공부할 수 있도록 해야 할 것이다.

수학 선생님께 드리는 말씀

패키지 수학

패키지(package)란 꾸러미를 의미이다. 이 말처럼 수학에 있어서도 패키지라는 것을 만들어 가르쳐 보자는 것이다. 서로 관련되는 것끼리 묶어서 가르치면 공부하는 학생 입장에서 이해하기가 훨씬 더 쉬워진다. 그렇지만 이 방법은 학생이 하기에는 쉽지 않기 떠문에 선생님들의 적극적인 도움이 필요하다. 물론 교과서나 참고서에 차례라는 순서가 나와 있지만 가르치는 수학 선생님의 역량에 따라 비슷한 것끼리 묶어서 가르친다면 학생들에게 많은 도움을 줄 수 있을 것이다.

내 경우 수학 공부를 하면서 패키지 수학이 좋다는 것을 알게 되었고 미국에서 수학을 가르치면서 학생들에게 많은 도움이 된다는 것을 깨달았다. 패키지 방법으로 가르쳤을 때 가르치는 입장에서 설명도 더 해야 되는 피곤함도 없지 않아 있었다. 하지만 공부하는 학생 입장에서는 훨씬 더 이해하기도 쉽고 다른 것과 관련되어 응용력을 향상시키는 데 많은 도움을 줄 수 있었

다. 그렇기 때문에 공부하는 학생을 위해서라면 설명을 더 하는 불편이 있더라도 이런 패키지 수학을 가르쳤으면 하는 바람이다.

연관 수학

이는 패키지 수학과 비슷한 말로 문제를 가르치는 데 있어 그 문제와 연관된 모든 공식과 이론에 대해 설명해 주자는 것이다. 요즘 수학 문제 추세는 점점 응용을 요구하고 단순한 공식과 이론으로는 문제를 쉽게 풀 수 없게 만든다. 그러므로 아직 수학적 지식이 정립되어 있지 않는 학생들의 입장에서 문제 풀기가 쉽지 않다. 그래서 가르치는 수학 선생님이 문제를 풀기 전에 문제와 연관된 여러 가지 공식과 이론에 대해 먼저 설명해 주어 학생들을 이해시키고 학생들은 이를 바탕으로 문제 해결을 하도록 해야 할 것이다.

선생님이 문제를 푸는 것은 아무런 의미가 없다. 시험장에서 문제를 푸는 사람은 선생님이 아닌 학생이기 때문이다. 『탈무드』에 나오는 이야기처럼 '물고기를 잡아주는 것'은 학생에게 아무런 도움이 되지 않는다. 이보다 '어떻게 물고기를 잡는지'에 대해 설명하고 가르쳐 주는 선생님이 좋은 스승이라 하겠다.

플러스 · 마이너스 수학

이 방법 역시 연관 수학과 관련된 학습법이다. 항상 새로운 것에 대해 가르치기 전에 가르치는 수학 선생님은 배울 단원과 지금까지 배웠던 것이 현재의 단원과 어떻게 연관되는지 설명해 주는 것이다. 이러한 설명은 공부하는 학생들에게 보이지 않게 많은 도움을 준다. 내가 고등학생 시절, 수학 선생님은 할당된 분량만 하시고 수업을 끝내시는 경우가 있었다. 그리고 내가 배운 내용에 대해 생각해 볼 때 왜 배웠는지 궁금한 경우가 많았다.

그래서 가르치기 전에 앞뒤 내용이 어떤 연관을 가지고 있는지 학생들에게 말해주는 것이 필요하다. 그래서 만든 말이 '플러스(plus) · 마이너스(minus) 수학'이다.

통계 부분에서 '오차(誤差)'라는 값 때문에 '플러스', '마이너스'라는 말을 많이 사용한다. '오차'란 말은 '실지로 계산하거나 측량한 값과 이론적으로 정확한 값과의 차이'를 의미한다. 수학 공부에서는 어떠할까? 현재 배우고 있는 단원에 대해 학생들은 '오차'라는 생각의 값을 가지고 있을 것이다. 배우는 학생 입장에서는 항상 정확한 값을 가질 수 없다. 그렇기 때문에 가르치는 선생님들은 이런 오차를 생각하고 학생들이 정확한 값을 갖도록 도움을 주어야 한다. 그래서 배웠던 단원과 배울 단원에 대해 어떻게 연관이 되고 생각을 해야 하는지를 먼저 설명을 해주어야 한다. 그러면 보다 효과적으르 학생들이 가르침을 받아들일 수 있을 것이다.

수학 숙제

많은 학생들이 숙제라는 것 때문에 고통 받는 것이 사실이다. 숙제를 내주는 선생님은 숙제를 내주기만 하면 되지만 숙제를 하는 학생은 적지 않는 스트레스를 받는다. 그래서 고등학교 경험담과 미국에서 수학을 배우는 학생 그리고 수학을 가르치는 선생님의 입장에서 말씀 드리고 싶다. 숙제라는 것은 결국 학생의 실력에 도움을 주고 향상시키고자 내주는 것이다. 아직까지 많은 양의 수학 공부가 실력에 비례한다고 생각하는 사람들이 있는 것 같다. 물론 수학 문제를 많이 풀어보는 것은 수학 공부에 좋은 일이다.

그렇지만 현실적으로 공부하는 학생에게 많은 양의 숙제는 오히려 약보다 병이 되는 경우가 있다. 내가 고등학생 시절, 수학 숙제는 8절지 3장을 3번씩 접어 앞뒤로 문제를 풀어오는 것이었다. 그 당시 숙제를 하기 위해 수학 문제를 풀기보다는 답을 베끼는데 급급했다. 이런 숙제는 결국 시간 낭비요, 오히려 수학 실력을 낮추는 불행한 결과를 초래한다. 그래서 현실적으로 내주고자 하는 숙제를 100%으로 봤을 때 50%는 선생님의 역량에 따라, 남은 50%는 학생들이 자율적으로 수학 공부를 하는 것이 바람직하다고 생각한다. 선생님은 가르친 것에 대해 가장 필요하고 중요한 문제를 숙제로 내주고 학생들은 스스로 자신이 부족한 부분을 찾아서 공부할 수 있는 자세가 필요하다.

7 Jackie의 영어 따라잡기

7

Catch up
Jackie's
English

왜 영어를 공부해야 되지?

 사람에 따라 영어를 공부하는 이유는 다양할 것이다. 학교 시험이나 수능 영어 시험을 잘 보기 위해, 전문적인 기술을 요하는 시험에서 영어를 필요로 하기 때문에, 영어권 나라로 유학 가기 위해서 등 이유가 다양하다. 이런 이유말고도 사람들은 자신의 목적과 필요에 따라 영어 공부를 할 것이다.

난 세계에 많은 언어 중에서 왜 하필 '영어를 중요시하며 배울까?' 라는 생각을 해보게 되었다. 내가 2년 전 미국에 처음 와서 ESL(English Second Language) School에 다녔을 때, '왜 영어를 배우는가' 에 대한 주제를 가지고 발표를 한 적이 있다. 중학교 때나 고등학교 때는 영어라는 과목이 단지 좋았기 때문에 열심히 공부했지만 이 주제를 가지고 발표를 하면서 많은 이유를 생각해 보게 되었다.

먼저 '영어를 공부한다' 와 '영어를 배운다' 의 차이를 생각해 볼 필요가 있다. '영어를 공부한다' 는 자기 의지에 따라 스스로 공부를 하는 것이고

'영어를 배운다' 는 말은 싫어할 수 있지만 필요나 요구에 의해 반강제적으로 할 수 있는 의미를 가지고 있다. 이렇게 생각할 때 대부분 사람들은 '공부하는 영어' 가 아니라 '배우는 영어' 를 해온 게 사실이다. 즉 사람에 따라 하기 싫지만 해야만 되는 '울며 겨자 먹기' 식으로 영어 공부를 해왔을 것이다. 이렇게 하기는 싫지만 영어를 공부해야 되는 이유는 간단하다. 바로 '미국' 이란 나라가 선진국이요 강대국이기 때문이다. 그리고 영어라는 언어는 점점 지구촌에서 공통 언어가 되어가고 있으며 다양한 정보를 얻는 인터넷과 전문 지식 서적의 대부분이 영어로 되어 있기 때문이다.

인정하기 싫지만 미국이란 나라가 선진국이고 강대국이기 때문에 우리는 영어라는 제2 외국어를 배우고 공부해야 하는 것이다. 만약 영어를 배우기 싫다면 우리는 하루 빨리 대한민국이란 나라를 선진국, 강대국으로 만들어야 할 것이다. 그렇게 되면 우리는 영어라는 제2 외국어를 해야 할 필요가 없고 오히려 외국인이 우리나라 말인 한국어를 배워야 할 것이다. 이제 '왜 영어를 배우고 공부하는지' 에 대해 이해했다면 어떻게 공부해야 하는지 알아보자.

영어... 어떻게 공부하라고!?

영어의 중요성은 지금뿐만 아니라 오래 전부터 강조되어 왔다. 이제 영어라는 것은 선택 조건이 아닌 필수 조건이 되었기에 우리는 영어라는 언어를 확실하게 마스터 해야 한다.

우리가 영어를 배워야 되는 다른 이유가 있다면 세계가 하나의 지구촌으로 되어 가고 있기 때문이다. 즉 '세계화(世界化)'되어 가고 있기 때문이다. 그래서 현재에는 영어의 중요성이 점점 더 강조되어 가고 있다.

나는 지금 소개할 방법으로 영어 공부를 해왔기 때문에 미국에 와서도 두 달 만에 ESL School을 끝마칠 수 있었고 college에 입학해 별 어려움 없이 학교 수업을 듣고 좋은 성적을 거둘 수 있었다. 뿐만 아니라 미국에 온 지 다섯 달 만에 학교에서 Math T.A.를 하게 되었고 미국 학생들을 대상으로 영어로 수학이란 까다로운 과목을 가르칠 수 있게 되었다.

그래서 짧은 시간 안에 영어를 효과적으로 공부할 수 있는 방법을 학생들에게 알려 주고자 한다.

영어 단어 공부법

사람에 따라 영어 공부를 하는 비중이 다르겠지만 내 경우에는 영어 단어를 공부하는 것이 가장 기본이 된다고 생각한다. 물론 영어 문법, 말하기, 듣기, 쓰기 다 중요하지만 이 토대는 바로 영어 단어로부터 출발한다는 것이다. 단어를 많이 알고 있으면 문법을 잘 몰라도 대강의 해석을 할 줄 알게 되며 듣기나 말하기에 있어서도 많은 도움을 받을 수 있다. 그렇기 때문에 영어 단어를 많이 알수록 다른 영역의 영어를 공부하는데 한결 수월하다.

모든 영어 단어는 암기로부터 시작된다. 그래서 우리는 어떻게 영어 단어를 효과적으로 외울 수 있는지를 생각해 봐야 한다. 앞에서 언급했듯이 모든 공부에는 우선 순위라는 것이 있다고 했다. 무조건 많은 단어를 외운다고 좋은 것이 아니고 가장 필요하고 유용한 단어부터 외우는 것이 바람직하다. 그리고 단어 외우기의 우선 순위는 자신이 무엇을 공부하느냐에 따라 달라져야 할 것이다. 공부하는 대상이 수능이냐 토플이냐 GRE냐에 따라 외우는 단어도 달라져야 되며 우선 순위도 달라져야 할 것이다.

영어 단어를 암기하는 가장 좋은 방법은 반복(repeat)이다. 아무리 모르는 단어라도 여러 번 반복해서 외우게 되면 우리의 뇌는 기억하게 되어 있다. 하지만 똑같은 암기를 하더라도 방법에 따라 외우는 차이와 기억하는 정도에 차이가 있다. 이 때문에 우리는 가장 효과적이고 빠른 방법으로 단어를 외워야 할 것이다.

스크린 기억법

이 방법에 대해서는 '초 암기법'에서 언급을 했었다. 우리는 단어를 외울 때도 스크린 기억법을 사용할 수 있다. 고도의 집중력을 통하여 스크린을 만든 다음 외우고자 하는 단어를 쳐다보게 되면 스캐너처럼 단어를 통째로 외울 수 있게 된다. 내 경우에 이 방법으로 100개의 단어를 5분 안에 외울 수 있었다. 하지만 이 방법은 처음부터 쉽게 되는 것이 아니라고 했다. 시간과 인내심을 가지고 훈련이 필요하며 집중력을 향상시킬 수 있도록 해야 할 것이다. 이 방법을 쓰면 많은 단어를 짧은 시간 안에 외울 수 있다. 그렇지만 스크린 기억법으로 한 번만 외우는 것이 아니라 여러 번 일정한 시간으로 암기하는 것이 좋다.

스크린 기억법과 함께 메모리 카드 이용법을 같이 사용한다면 시너지 효과를 볼 수 있다. 메모리 카드란 많은 미국 학생들이 애용하는 방법으로 색인 카드(6×9cm)에 외우고자 하는 것을 적는다. 앞뒤 면을 기준으로 앞에는 자신이 모르는 단어를 쓰고 뒷면에는 단어의 의미와 문장을 쓴다. 그 다음 앞의 단어를 보면서 어떤 정의가 뒤에 쓰여져 있는지 생각하며 암기하게 된다. 이 때 스크린 기억법과 함께 메모리 카드를 적절히 이용한다면 보다 빠른 시간 안에 많은 단어를 외울 수 있을 것이다.

이미지 기억법

이 방법은 사람에 따라 이미지, 포토 그래픽, 그림 기억법 등 다양한 이름을 가지고 있다. 이들의 공통점은 그림이라는 이미지(image)를 통해 단어를 암기한다는 것이다. 연구에 의하면 그림은 문자보다 10배 정도 효과적으로 기억에 도움을 준다고 한다. 그렇기 때문에 우리는 단어를 문자 자체로 외우는 것이 아니라 그림이라는 이미지를 연상하면서 외워야 할 것이다.

처음에 사물을 지칭하는 사과, 컴퓨터, 시계 등을 외우기 전에 먼저 그림을 떠올린다. 머릿속에 그림이 그려지고 나서 단어를 그림과 매치시켜 외우게 되면 무려 10배 이상 기억에 오래 남게 된다. 즉 외우고자 하는 단어의 그림(이미지)을 먼저 떠올린 다음 문자를 그림과 겹치면서(overlap) 그림과 문자가 하나가 되어 외워진다는 것이다. 이렇게 외우고 나서 사물을 보게 되면 문자와 겹쳐지며 외운 단어가 기억된다.

또한 사물을 나타내는 명사뿐만 아니라 동사나 형용사 등 외우고자 하는 단어에도 이용할 수 있다. 먼저 각 단어의 이미지를 머릿속에 떠올린 다음 외우고자 하는 단어를 오버랩시키도록 하자. 예를 들어 '뛴다' 는 동사 'run'을 암기하고자 한다면 자신이 뛰는 모습을 생각한 다음 그 모습 위에 'run' 이라는 단어를 포개는 것이다. 그러면 우리 뇌는 오랫동안 효과적으로 기억하게 된다. 이 때 그림은 하나의 방아쇠 작용을 한다. 공부를 하다 많은 것을 외우게 되면 새로운 것에 의해 이전의 것은 기억에 묻혀 버리게 된다. 하지만 나중에 기억하고자 할 때 그림은 방아쇠 작용을 하여 외웠던 단어가 연상되기 도와주는 역할을 한다. 그림은 방아쇠 작용을 하며 문자보다 무려 10배 이상 효과적으로 암기된다는 것을 기억하자.

체인 기억법

이 방법 역시 사람에 따라 자유 연상법, 마인드 맵, 꼬리를 무는 기억법 등 많은 이름을 가지고 있다. 내 경우 하나의 사슬에서 다른 사슬로 계속 이어지기 때문에 체인 기억법이라고 하겠다.

많은 학생들은 어렸을 때 불렀던 이 노래를 기억할 것이다.

"원숭이 엉덩이는 빨개, 빨가면 사과, 사과는 맛있어, 맛있으면 바나나…." 노래는 이렇게 계속해서 이어진다. 이처럼 영어 단어도 하나의 가지에서 다른 가지를 쳐가며 외울 때 쇠사슬(chain) 작용에 의해 연속해서 단어를 외우고 쉽게 암기할 수 있다는 것이다. 예를 들어 동요와 같이 monkey → hip → red → apple → delicious → banana → long → train → fast → airplane….

또한 몇 해 전 인기를 끌었던 토니 부잔의 마인드 맵 북이 있다. 이 책은 마인드 맵핑(Mind Mapping)에 대해 소개하고 있는데 공부하는 학생이라면 한번쯤 읽어볼 만한 책이다.

이는 머릿속에서 생각을 지도 그리듯이 핵심어로부터 펼쳐나가는 기법이다. 이러한 기법 또한 단어를 외우는 데 많은 도움이 될 것이다.

이러한 방법들은 영어 단어를 외우는 데 매우 효과적이다. 만약 이 방법을 빨리 마스터 하고 싶다면 좋은 영어 선생님을 만나라고 권하고 싶다. 혼자 할 수 있는 방법이지만 시간과 노력이 너무 많이 요구되는 작업이다. 하지만 좋은 영어 선생님은 짧은 시간에 체인 기억법으로 공부하는 데 많은 도움을 줄 수 있다. 이렇게 공부를 하다 보면 시작은 하나의 단어로 출발하지만 끝나고 나면 수십 개 이상 많은 단어가 된다. 이는 쇠사슬처럼 연속된 작용에 의해 쉽고 빠르게 자신의 기억 장치에 입력된다. 그리고 나중에 암기했던 것을 기억을 하게 되면 도미노(domino) 게임처럼 하나가 다른 하나를 기억시키고 이렇게 계속 해서 많은 단어를 기억할 수 있게 된다.

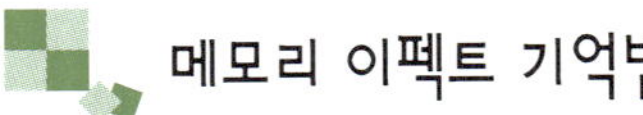

메모리 이펙트 기억법

이 방법은 수학 공부 방법에서 잠깐 언급했었다. 어떤 질문이든 아무 노력 없이 쉽게 얻으면 쉽게 나가기 마련이다. 영어 단어 외울 때도 마찬가지이다. 아무런 목적 의식과 생각 없이 단어를 외우려 한다면 절대 외워질 수 없다. 외우게 되더라도 금방 잊어 버리게 된다. 즉 외우는 메모리(Memory) 장치에 이펙트(Effect)를 가하지 않았기 때문이다.

자신이 외우고자 하는 단어가 있다면 이 단어에 대해 어떻게 하면 잘 외우고 기억할 수 있을지 고민하고 생각해 보라. 사전을 이용하는 것도 메모리 이펙트(Memory Effect)를 위한 좋은 방법이다. 이 때는 가능한 영영 사전을 이용하면 많은 도움을 받을 수 있다. 자신이 모르는 단어를 사전에서 찾는 동안 단어의 철자와 뜻을 생각하게 되고 표시를 해두자. 그리고 단어가 포함된 문장도 함께 읽어보고 단어의 쓰임새에 대해서도 생각해 본다. 이렇게 자신이 찾고자 하는 단어에 대해 직접 생각하고 찾아볼 때 우리는 뇌에 이펙트를 가하게 된다. 이러한 이펙트는 메모리라는 기억 장치에 오랫동안 저장할 수 있게 만든다.

접두사 · 접미사를 이용해서 공부하자

오래 전부터 영어 단어를 외우기 위해 사용되었던 고전적인 방법이다. 하지만 많은 학생들이 이 방법을 잘 쓰지 않기에 다시 한 번 말하고 싶다. 우리나라 말에도 어근과 어미라는 것이 있다. 이러한 어근과 어미만을 알고 있어도 단어 의미를 대강 알 수 있다. 영어 단어도 마찬가지이다. 예를 들어 부정을 나타내는 접두사로는 un-, dis-, im- 등이 있다. 단어에 이런 접두사가 붙는 순간 단어의 뜻은 잘 모르더라도 상징하는 바는 부정적 의미를 내포하고 있음을 알 수 있다.

1. un(부정) + able(할 수 있는) = unable(할 수 없는)

2. dis(부정) + honest(정직한) = dishonest(부정직한)

3. im(부정) + polite(공손한) = impolite(무례한)

접두사뿐만 아니라 접미사와 같이 공부하면 단어 하나를 가지고도 여러 단어를 동시에 외우는 효과가 나타난다. 영어의 법칙성을 찾아 먼저 외우고 나면 대강의 의미를 알 수 있기 때문에 독해하는 데 도움을 받을 수 있다. 처음에는 접두사와 접미사를 외우는데 다소 번거로운 점이 있지만 나중에 영어 공부하는 데 많은 효과가 있다는 것을 알아야 한다.

지금까지 영어 단어를 쉽고 빠르게 외우는 여러 가지 방법을 소개했다. 하지만 처음에 강조했듯이 가장 좋은 방법은 반복을 하는 것이다. 반복과 함께 '스크린＋이미지＋체인＋접두사ㆍ접미사'를 다같이 이용하면 효과는 극대화된다. 그렇지만 무엇보다도 외운 것을 직접 쓰면서 점검할 수 있는 습관이 중요하다. 이는 영어 단어를 정확하게 외웠는지 점검하는 데 도움을 주기 때문이다.

영어 문법 한 번에 끝내기

많은 고등학생들이 영어 문법 때문에 고생을 하고 있다. 영어 독해나 듣기 그리고 회화가 강조되는 시점에서 '굳이 문법 공부를 해야 하는가?' 라는 의문을 갖는다. 결론부터 말하면 문법 공부는 영어 단어와 함께 기본이 되기 때문에 반드시 공부해야 한다. 문법을 모르고 영어 공부를 한다는 것은 농구에서 어떻게 드리블을 하고 슛을 쏘는지도 모르고 농구를 하는 것과 같다. 그렇기 때문에 어떻게 영어 문법을 공부하느냐가 중요하다.

문법은 처음 배울 때가 중요하다.

어떤 학생은 처음부터 자세히 공부하려 하는데 굳이 시간과 노력을 낭비하면서까지 그럴 필요는 없다. 즉 처음부터 잘 배우되 가장 필요하고 기본이 되는 문법을 배우라는 것이다. 아직도 많은 학생들이 영어 문법을 공부하면서 명사부터 화법까지 많은 단원을 수박 겉핥기 식으로 대충 보는 경향이 있다. 이런 문법 공부는 공부한 양에 비해 남는 것은 거의 없다. 따라서 가장 중요하고 시험에 많이 나오는 기본 문법을 먼저 공부하는 것이다. 영어 기본 문법은 필수요, 고급 문법은 선택이라는 것이다.

문법을 잘한다고 해서 영어 독해나 듣기 그리고 영어 회화까지 잘하라는 법은 없다. 물론 도움을 주는 것은 사실이나 때에 따라서는 오히려 많이 공부한 문법이 해가 되는 경우도 있다. 예를 들어 독해를 잘하기 위한 방법으로 문장이 쓰여진 순서대로 읽고 이해하는 직독 직해(直讀 直解)가 있다. 하지만 영어 문법을 많이 공부하고 생각하다 보니 하나씩 따져가며 번역을 하게 된다. 이러한 번역은 영어 독해를 잘하고자 하는 학생에게는 도움이 되지 않는다.

또한 미국인과 만나 영어로 대화를 한다고 생각해 보자. 내가 미국의 ESL School에서 수업을 들었을 때 한국에서 영어를 가르치는 선생님과 한 반이 된 적이 있다. 그 선생님은 관광도 하고 영어 회화 실력을 늘리고자 미국에 와서 수업을 듣는다고 하였다. 이 선생님과 수업을 같이 들으면서 절실하게 느낀 것이 있다. 영어 문법 실력으로 따지자면 한국인 영어 선생님은 네이티브 선생님을 능가했다.

하지만 영어로 말을 하면서까지 하나하나 문법을 따지다 보니 결국 말도 못 하는 벙어리가 되었다.

우리가 영어 문법을 공부하는 이유도 말을 잘하기 위한 기본 뼈대를 만드는 것과 같다. 하지만 너무나 자세히 공부하다 보면 오히려 얻는 것보다 잃는 것이 많다. 그렇기 때문에 영어 문법을 처음부터 잘 배우되 가장 기본이 되는 문법부터 확실히 공부하고 나서 필요에 따라 중급·고급 문법을 공부하는 것이 바람직하다.

이를 위해서 무엇보다 자신에게 맞는 영어 문법 책을 고르는 것이 중요하다. 시중에 영어 문법에 관한 많은 책들이 판매되고 있다. 이 책들 중에서 자신의 실력에 맞추어 기본 문법이 잘 설명되어 있고 예제와 함께 보기 좋은 책을 고르도록 하자. 하지만 오래 전에 출간된 문법 책은 가능한 피하는 것이 좋다. 이러한 책은 지나칠 정도로 내용이 자세히 나와 있기 때문이다. 또한 여러 문법 책을 보는 것은 바람직하지 않다. 여러 문법 책을 볼수록 혼동만 가중되며 이것저것 공부해야 된다는 걱정만 생기게 된다. 따라서 자신에게 알맞은 한 권의 문법 책을 골라 공부하도록 하자. 영어 문법 책은 수능이 끝나는 마지막 날까지 공부하고 또 공부해서 필요한 기본 문법을 정확히 알 수 있도록 해야 한다.

영어 문법 노트를 이용하는 것도 좋은 방법이다. 영어 공부를 하며 필요에 따라 중요한 영어 문법을 노트에 적도록 하자. 간단한 설명과 함께 예제를 반드시 적는 것이 중요하다. 많은 문법을 욕심 내서 공부하는 것보다 시험에 많이 출제되고 자신에게 필요한 문법을 우선 순위로 공부하는 것이 효과적이다.

이렇게 영어 문법 노트를 만들어 공부하게 되면 많은 도움이 될 것이다.

영어 독해를 위한 베스트 지침서

독해를 잘하는 방법 중에 하나는 문장이 쓰여진 순서대로 읽고 이해하는 직독 직해라 했다. 무엇보다 직독 직해를 잘하기 위해서는 영어 원서를 많이 읽는 것이 중요하다. 이렇게 많이 읽다 보면 자기도 모르게 한글로 씌어진 동화 책을 읽듯이 읽어 나갈 수 있다. 하지만 학생들은 많은 양의 영어 원서를 읽기에는 시간이 절대적으로 부족하다. 그렇기 때문에 짧은 시간에 적은 양으로 직독 직해하는 방법에 대해 생각해 보자.

무엇보다 독해를 할 때 모르는 문법이나 단어를 하나씩 찾는다는 생각에서 벗어나는 것이 중요하다. 우리가 한글로 씌어진 동화책이나 신문 읽는 것을 생각해 보라. 많은 사람들이 모르는 문법이나 단어가 있다고 해서 하나씩 찾아가면서 읽지 않을 것이다. 영어 독해도 마찬가지다. 모르는 문법이나 단어가 직독 직해하는데 방해가 되어서는 안 된다. 모르더라도 그냥 읽어 넘어가는 것이 중요하다. 이 때 영어 감각이 있는 사람이라면 앞뒤 문맥을 보고 모르는 내용을 유추할 수 있다.

그래서 우리에게 배경 지식이 많아야 한다는 것이다. 무엇보다 배경 지식을 많이 얻기 위해서는 책을 많이 읽어야 한다는 것은 누구나 다 아는 사실이다. 이렇게 책을 많이 읽은 사람은 직독 직해를 보다 빨리 마스터 할 수 있다. 왜냐하면 독해를 할 때 모르는 것도 자신의 배경 지식을 가지고 앞뒤 문맥을 통해 유추해 낼 수 있기 때문이다. 또한 이런 배경 지식은 직독 직해뿐만 아니라 문제 풀 때도 많은 도움을 준다. 설령 독해를 다하지 못하더라도 문제를 통해 자신의 배경 지식과 결합시켜 답을 찾아 낼 수 있기 때문이다.

직독 직해와 비교되는 말에 번역이라는 것이 있다. 번역은 외국어를 우리나라 말로 바꾸는 것을 의미한다. 많은 학생들은 영어 독해를 한다고 하지만 여전히 번역을 하고 있음을 알아야 한다. 번역은 직독 직해를 하는데 있어 큰 걸림돌이 될 뿐만 아니라 말하기나 듣기에 있어서도 보이지 않는 적이다. 우리가 번역을 하게 되면 독해를 3단계 과정으로 하게 된다. 영어 → 번역 → 독해. 하지만 영어 공부를 잘하기 위해서는 영어 → 독해, 즉 번역이라는 중간 과정이 생략되어야 한다.

내가 중·고등학생 시절 영어를 배웠던 선생님들은 독해라기보다 거의 번역에 가까운 방법으로 수업을 했다. 문법적으로 모르는 단어를 하나씩 뜻풀이 하며 문장을 분석하고 우리나라 말로 바꾸는 번역을 토대로 독해라는 것을 했다. 그러다 보니 이해하는 데 많은 어려움이 있었다. 번역을 하면 이해하는 정도에 따라 독해가 달라졌음에도 불구하고 막무가내로 답에 맞춰 번역을 독해처럼 하고 있었기 때문이다. 우리는 아직까지 번역이라는 고정관

   Jackie의 영어 따라잡기

넘에서 벗어나지 못하고 있다. 번역이라는 작업은 때에 따라 우리에게 필요하지만 많은 시간과 노력이 요구되며, 영어 독해를 잘하는데 악영향을 미치기 때문에 빨리 벗어나도록 해야 한다.

영어 독해를 할 때 여러분은 직독 직해를 하는지, 번역을 하는지 생각해보라. 많은 학생들은 여전히 직독 직해보다 번역을 통한 독해를 하고 있을 것이다. 언급했듯이 번역은 엄청난 시간과 노력이 요구되며 때에 따라 잘못된 독해로 오답을 찾는 경우가 있다. 물론 직독 직해도 짧은 시간에 많은 양의 독해를 할 수 있지만 실수할 확률도 그만큼 높다. 때문에 우리는 바른 독해가 필요할 것이다.

가장 궁극적인 방법은 직독 직해를 통한 바른 독해를 하는 것이다. 하지만 우리가 네이티브가 되지 않는 한 직독 직해를 통한 바른 독해를 하기란 쉽지 않은 일이다. 그래서 내가 사용하는 방법은 직독 직해와 번역의 장점을 이용한 방법이다. 미국에서 많은 원서를 이 방법으로 공부한 결과 짧은 시간에 많은 양의 책을 읽고 정확히 이해할 수 있었기에 시험을 잘 볼 수 있었다.

미국에서 컴퓨터 네트워킹에 관한 수업을 들을 때였다. 일 주일에 세 번 듣는 수업이었지만 많은 신경을 쓸 수 없었다. 수업도 생각보다 쉬웠다. 매 시간 퀴즈는 봤지만 집에서 해오는 것이었고, 중간에 네트워킹에 관한 프로젝트가 있었지만 시간적 여유를 두고 어렵지 않게 할 수 있었다. 그런데 문제가 된 것은 마지막에 한 번 보는 기말 고사였다. 어렵지 않다고 생각하다 보니 기말 고사를 생각하지 못했던 것이다. 뿐만 아니라 수학 과외와 다른 과목 공부를 하느라 정신 없는 나날을 보내다가 네트워킹 기말 고사가 하루밖에 남지 않았음을 깨닫게 되었다.

기말 고사가 내일인 것을 알고 시험 범위를 체크하는 순간 무려 400페이지짜리 영어 원서라는 것이 나로 하여금 공부하는 것을 포기하게끔 만들었다. 처음에는 포기하려고 했지만 한 번이자 마지막에 있는 시험을 망치면 지금까지 힘들게 들어왔던 수업이 한순간에 물거품이 되는 순간이었다. 순간 많은 고민을 했다. 400페이지짜리 영어 원서에 도전을 할 것인가 수업을 듣기 위해 아침 일찍 일어났던 나의 고생을 버릴 것인가? 이런 저런 고민 끝에 해보지도 않고 후회하느니 실패하더라도 하는 것이 더 현명하다고 생각했다. 그래서 시간을 계산해 봤다. 수학 과외가 끝나고 도서관에 도착한 밤 10시. 날을 새더라도 최대 9시간이었다. 하지만 날을 샌다는 것은 피로에 지친 나로서는 무리였기에 3시간만 자고 6시간을 공부하기로 했다.

계획을 세우고 실천에 옮겼다. 일단 2시간 안에 400페이지짜리 책을 직독직해하며 통독했다. 그리고 중요하다고 생각한 부분은 언더라인 기법으로 밑줄을 긋거나 이니셜 기법으로 표시만 하고 넘어갔다. 이렇게 읽고 나서 두 번째부터는 2시간 동안 밑줄 그은 부분과 표시된 부분을 다시 읽어 보고 중요한 핵심 내용을 파악하며 번역을 통한 정독을 했다. 이렇게 4시간을 공부한 후 잠을 잤다. 새벽 5시에 일어나 학교 가기 전 2시간 동안 다시 한 번 해석해 보고 중요 핵심 사항을 외웠다. 이 때 스크린·이미지 기억법을 동원해서 중요 핵심 사항을 거의 공부를 하고 학교에 갈 수 있었다.

아침 7시, 시험을 보러 가는 동안 불안하기도 했지만 한 번이라도 공부했다는 생각이 내 자신을 위로하고 있었다. 드디어 컴퓨터 네트워킹 기말 고사를 걱관식과 주관식을 합쳐 40문제를 보았다. 내 예상은 적중했다. 시험 범위가 넓다보니 가장 중요한 사항이 시험 문제로 출제되었던 것이다.

시험 공부를 많이 하지 못했기 때문에 A는 받지 못했지만 A-를 받을 수 있었다.

여기서 말하고자 하는 방법이 직독 직해와 번역을 같이 이용했다는 것이다. 2시간에 걸쳐 400페이지짜리 책을 읽는 동안 난 직독 직해를 했다. 하지만 네이티브가 아니기에 이해하는 데 많은 어려움이 있었다. 그래서 나머지 2시간 동안 번역을 통한 정독을 함으로써 내용을 정확히 이해하려 했다. 자고 나서 다시 공부할 때 어느 정도 이해가 된 상태였기에 암기 또한 잘할 수 있었다. 다시 말하면, 가장 좋은 방법은 직독 직해를 통한 바른 독해일 것이다. 하지만 네이티브가 아닌 한 한계가 있기 때문에 직독 직해와 번역을 같이 사용하는 것이 합리적인 방법인 것 같다.

뻥 뚫리는 영어 듣기

영어 영역 중에 가장 어려운 것이 있다면 아마도 영어 듣기일 것이다. 독해는 글을 읽으면 되고, 쓰기는 사전을 참고하면서 글을 쓰면 된다. 하지만 듣기는 아무 도움 없이 자신의 힘으로 듣고 이해를 해야 되기 때문에 어려움이 많다. 또한 말을 잘하고자 한다면 잘 들어야 할 것이다. 그렇다면 어떻게 영어 듣기 공부를 해야 잘 들을 수 있는지 알아보자.

"영어 듣기에 있어 왕도가 없다."는 말은 사실인 것 같다.

지난 만 2년 여 동안 미국 유학 생활을 하면서 나름대로 영어 듣기를 잘하고자 노력했다. 하지만 학교에서 Math T.A., 수학 과외, 많은 과목들의 숙제를 하다 보니 영어 듣기를 할 시간이 없었다.

한 번은 아는 형 집에 저녁을 먹으러 간 적이 있다. 저녁을 먹고 난 후 쉬기 위해 미국 쇼 프로그램을 보기 시작했는데 형들이 재미있다고 웃는 것이었다. 나도 쇼 프로그램의 내용을 듣고 이해하기 위해 열심히 귀를 기울였지만 내용이 잘 들리지 않았다. 그런데 형들은 이해했다는 듯 웃는 것이었다. 순간 얼굴이 화끈거리며 내 자신이 창피했다. 영어라면 자신이 있었지만 쇼 프로그램조차 이해하지 못했다는 자책감이 날 더욱 창피하게 만들었다. 하지만 형들이 다 웃기에 나도 웃지 않을 수 없었다. 그래서 나오지 않는 웃음을 만들어가며 애써 웃었다.

쇼 프로그램이 끝나고 난 형들한테 솔직하게 얘기했다.

"난 도무지 무슨 이야기를 하는지 이해가 되지 않았는데 형들은 다 이해가 되었습니까?"라고 묻자 이구동성으로 이렇게 얘기를 하는 것이었다.

"우리는 집에서 텔레비전을 많이 보고 매일 같이 그런 쇼 프로그램을 접하다 보니 영어 슬랭뿐만 아니라 대화의 90% 이상을 이해한다."는 것이었다.

난 순간 깨달았다. 영어 듣기에는 왕도가 없구나. 많이 듣고 연습한 사람만이 귀가 뚫린다는 것을 알게 되었다. 이처럼 듣기는 많이 듣다 보면 자연히 귀가 뚫리게 되어 있다. 그래서 이 사건을 계기로 난 시간이 나는 대로 무엇이든 듣기 시작했다. 그러던 어느 날이었다. 운전을 하며 라디오를 듣고 있었는데 나도 모르게 웃고 있는 내 자신을 발견하게 되었다. 라디오에서 나오는 대화를 듣고 자연스럽게 이해를 하고 웃었던 것이다. 드디어 계속해서 영어를 듣다 보니 자연히 귀가 뚫리게 된 것이다.

영어 듣기를 잘하고자 한다면 많이 들어라. 그러면 귀가 뚫릴 것이다.

'이런 방법 말고 효과적인 영어 듣기 공부 방법은 없을까?' 라는 생각을 하는 학생이라면 다른 방법을 소개해 주고 싶다.

English

짧은 시간에 영어 듣기 정복하기

1. 능동적 자세로 Listening을 하자

Hearing과 Listening의 차이를 아는지 묻고 싶다. Hearing은 '들리는 것'이고, Listening은 '듣는 것'이다. 우리는 영어 듣기를 할 때 Listening을 한다고 하지 Hearing을 한다고 하지는 않는다. 영어를 많이 들으면 좋지만 생각 없는 듣기는 시간과 노력을 낭비하게 만든다. 영어 듣기 공부를 할 때 말하는 사람이 무엇에 대해 얘기하려는지 생각하는 것이 좋다. 그래서 무엇보다 잘 들으려는 능동적 자세를 하지고 Listening 하는 습관을 가져야 한다. 이 때 자신이 듣는 것을 머릿속에 연상을 하면서 듣게 되면 효과적이다.

2. 번역을 하지 말라

번역을 하지 말라는 이야기는 영어 독해를 할 때도 언급했다. 영어 듣기가 안 되는 학생의 가장 큰 문제점은 번역을 통해 이해를 하려고 하기 때문이다. 영어 듣기 시험을 볼 때, 한 문장만을 가지고 문제를 만들지 않는다. 전체적인 내용을 파악하고 나서야 문제를 풀 수 있는 것이다. 하지만 번역을 하게 되면 한두 문장 이해하다가 문제는 어느덧 끝나고 만다. 그래서 우리는 3단계 과정인 '듣기 → 번역 → 이해'에서 '듣기 → 이해' 두 단계 과정으로 끝내야 한다. 이를 위해 번역에서 벗어나고 생각하며 영어 듣기를 하도록 하자.

3. 받아쓰기를 하자

받아쓰기 방법은 짧은 시간 영어 듣기 공부에 많은 효과가 있다. 영어 듣기 실력을 높이기 위해 이어폰을 꽂고 많이 듣지만 이내 졸음이 오고 집중이 되지 않음을 발견할 것이다. 또한 이렇게 듣기 훈련만 하게 되면 자신의 문제점을 잘 파악할 수 없게 된다. 자신이 무엇을 들었으며 어떤 문장에서 오해했는지 알 수 없기 때문이다. 하지만 받아쓰기를 하게 되면 이런 잘못된 점이나 실수를 발견할 수 있게 된다. 일단 영어 듣기를 할 때 쉬운 문장은 넘어가고 잘 들리지 않는 문장을 반복하며 받아쓰기 하는 것이 중요하다.

4. 기본 패턴을 완전히 암기하자

받아쓰기를 해본 사람이라면 자신의 문제점과 실수를 파악하는 동시에 또 하나의 공통점을 발견할 수 있을 것이다. 바로 영어 듣기를 할 때마다 단골 메뉴로 나오는 기본 패턴이 있다는 것이다. 기본 패턴이라는 말은 두 가지 의미를 내포하고 있다. 가장 많이 나오는 대화 지문과 정해진 상황이라는 것이다. 당장 영어 듣기 책을 펼쳐보면 다른 상황에서라도 같은 대화를 하고 있음을 발견하게 될 것이다. 때문에 가장 기본이 되는 기본 문장을 암기하도록 하자. 또 하나는 영어 듣기 문제를 많이 풀다 보면 정해진 상황들이 있다는 것이다. 이러한 문제들은 처음 대화 문장만을 가지고도 답을 유추해 낼 수 있기 때문에 정해진 상황을 숙지하도록 하자.

5. 말로 따라 하며 영어 듣기를 하자

이 방법은 기본 패턴을 잘 아는데 많은 도움을 준다. 자신이 써놓은 받아쓰기를 바탕으로 테이프에서 들려오는 네이티브 발음을 직접 따라 하는 것이 중요하다. 이렇게 되면 기본 패턴인 정해진 대화 구문을 암기할 수 있으며 정해진 상황을 머릿속에 생각하게 된다. 또한 말하기 방법은 듣기

English

에서 중요한 음의 변화를 알 수 있게 한다. 영어 듣기가 어려운 이유 중에 하나는 영어 발음 특성인 연음과 탈락이라는 현상 때문이다. 영어로 말하기에서는 편의성과 경제성을 요구한다. 그러다 보니 편의성을 위해 연음으로 발음하게 되고 경제성을 위해 불필요한 음절은 고의로 생략해 버리는 경우가 많다. 하지만 말을 따라 훈련을 하게 되면 연음과 탈락을 생각해 볼 수 있고 자신이 직접 배울 수 있게 된다.

6. 많은 경험을 해보라

영어 듣기를 위한 다른 방법으로 많은 경험을 해보라고 말하고 싶다. 많은 경험에는 여행이 속할 수도 있고 책을 읽는 것이 속할 수도 있다. 여행은 직접 체험이 될 것이며 책을 읽는 것은 간접 체험이 될 것이다. 이런 경험이 중요한 이유는 상황을 보다 빨리 이해함으로써 말하는 사람의 목적과 의도를 파악하게 된다. 여행을 많이 하다 보면 여러 가지 상황에 접하게 된다. 듣기에서만 알아왔던 서점이나 레스토랑 등의 많은 듣기 문제들을 직접 자신이 부딪치며 배울 수 있다. 또한 책을 읽게 되면 배경 지식이 많이 쌓이게 된다. 이런 배경 지식은 유추라는 논리적 사고력을 향상시켜 답을 찾는데 도움을 준다.

7. 자투리 시간을 이용해라

우리에게 영어 듣기를 위한 많은 시간적 여유가 없다. 앞에서 언급했듯이 영어를 잘하기 위한 방법은 많이 듣는 것이라 했다. 많이 듣기 위해서는 자투리 시간을 효과적으로 이용하는 것이 중요하다. 여러분은 자투리 시간을 어떻게 이용하고 있는가? 단어를 외우거나 책을 읽는 것도 하나의 방법이 될 수 있지만 영어 듣기만큼 자투리 시간을 잘 활용하는 방법도 없다. 그냥 듣기만 하면 되기 때문이다. 그래서 자투리 시간에 자신이 선택한 영어 테이프나 라디오를 듣는 것이 바람직하다. 영어 듣기를 할 때 앞에서 언급한 방법들과 함께 듣기 훈련을 하게 된다면 보다 빨리 귀가 뚫릴 것이다.

수능 영어 정복하기

 지금까지 영어 공부를 어떻게 해야 되는지에 대해 총체적으로 설명을 했다. 그렇다면 수능을 대비하는 고등학생은 수능 영어를 어떻게 대비하는 것이 효과적인지 생각해 보자. 나에게 있어서는 수능 영어가 가장 자신 있는 영역이었기에 항상 절반의 시간으로 모든 문제를 만점에 가깝게 풀어 낼 수 있었다. 수능 영어에서 가장 많이 나오는 부분은 독해와 듣기일 것이다. 시험이 100%라면 10%가 영어 문법과 쓰기, 20%가 듣기, 나머지 70%가 독해일 것이다. 영어 문법과 쓰기는 그리 큰 비중을 차지하지 않으므로 앞에서 언급한 바와 같이 자신이 필요한 부분을 찾아 공부하면 될 것이다. 필요한 부분을 찾아 공부를 할 때, 자신만의 노트를 만드는 것이 좋다고 했다. 너무 많은 걸 정리하고 알려는 것보다 가장 중요한 것, 취약점을 정리하고 공부하는 것이 바람직하다.

수능 영어 듣기는 그리 어렵지 않기 때문에 자신이 조금만 노력한다면 만점 맞는 것은 시간 문제일 것이다. 듣기 시험을 잘 보는데 있어서 감각이라는 것은 상당히 중요하다. 영어 감각이 극대화되어 있는 사람은 틀릴 문제도

감각 때문에 맞는 답을 고르게 된다. 하지만 그렇지 못한 학생이라면 맞을 문제도 틀리게 될 것이다. 그렇기 때문에 정해진 시간에 알맞은 분량을 공부하는 것이 가장 합리적인 방법이다. 예를 들어 수능에서는 15~20문제 정도의 듣기 시험 문제가 출제된다. 하루도 거르지 말고 20~25문제를 꾸준히 풀어보는 것이 영어 듣기 만점을 위한 전략이다.

정해진 패턴을 완전히 알고 있도록 하자. 위에서 언급했듯이 수능에서도 문제 특성상 대화나 상황이 정해져 있으며, 정해진 문제 유형이 있다는 것을 발견하게 될 것이다. 이는 시중에 판매되고 있는 참고서나 문제집을 참고하는 것이 좋다. 그래서 문제 유형을 먼저 파악하고 정해진 패턴을 공부하도록 하자. 또한 위에서 언급한 영어 듣기 방법으로 자투리 시간을 잘 활용한다면 수능 영어 듣기 만점은 그림의 떡이 아닐 것이다.

시험지를 받고 듣기 시험이 시작되기 전에 미리 선택지부터 보는 습관을 갖도록 하자. 선택지를 알고 문제를 푸는 것과 그냥 듣는 것은 보이지 않는 차이가 있고 이런 차이는 결국 점수로 이어진다. 그렇기 때문에 시험지를 받고 독해 문제를 풀기보다 듣기 문제를 먼저 보는 것이 바람직하다. 선택지에 어떤 내용이 나와 있고 어떤 그림들이 있는지 보고 난 후 듣기 문제를 풀게 되면 쉽게 이해하는 데 많은 도움이 될 것이다.

다음으로 수능 영어에서 가장 많은 비중을 차지하고 있는 독해를 살펴보도록 하자.

무엇보다 독해를 잘하기 위해서는 많은 단어를 알고 있는 것이 도움이 된다. 많이 알려진 방법은 스스로 영어 단어장을 만드는 것이나 수능 빈출 단어, 숙어집을 사는 것이 좋다. 하지만 중요한 점은 매일 꾸준히 조금씩 외우는 것이다. 한꺼번에 너무 많은 단어를 외우는 것은 어리석은 짓이다. 단어를 외울 때 앞에서 언급한 스크린·이미지·체인 기억법 등이 많은 도움이 될 것이다. 하지만 반드시 마무리는 직접 쓰면서 자신이 정확히 외웠는지 점검하는 습관이 필요하다. 그리고 외운 단어는 일정한 시간을 가지고 반복해서 공부하는 것을 잊지 말자.

독해 역시 많이 나오는 기본 패턴을 익히도록 한다.

주제를 찾거나 특정 단어가 의미하는 바 등 문제 유형을 익히고 어떻게 문제를 풀어나가는지 고민하고 연구하도록 한다. 독해 문제집을 많이 풀어보는 것은 각 문제 유형과 풀이 방법을 빨리 찾는 데 도움이 된다. 자신의 실력을 냉정하게 판단해 보고 그보다 조금 어려운 독해 문제집을 선택해서 풀어보도록 하자. 수능 독해 역시 영어 감각을 중요시 하기 때문에 계획을 세워 꾸준히 일정한 양을 풀어 나가는 것이 좋다.

독해 문제집을 풀 때는 우선 문제를 잘 읽고 이해한 다음 선택지를 보는 것이 중요하다. 우리는 선택지를 보는 것만으로도 나와 있는 글에 대해 유추를 할 수 있다. 그래서 문제와 선택지를 읽고 글에 대해 유추하고 답을 예상하면서 읽도록 하자. 유추하며 답을 예상하는 방법은 짧은 시간에 글을 이해하는 데 많은 도움이 된다. 또한 직독 직해를 하되 중요 부분에서는 반드시 밑줄을 긋도록 하자. 예를 들어 힌트나 답이 될 만한 중요한 문장에 밑줄을 긋는다면 정확한 답을 찾는 데 도움이 된다. 만약 이해가 되지 않는다면 밑줄 그은 부분에 한해서 번역이란 작업을 통해 독해해야 할 것이다. 무엇보다 정확한 이해를 바탕으로 맞는 답을 고르는 것이 중요하다.

빨리 문제를 푸는 것도 중요하지만 무엇보다 정확한 답을 찾을 수 있도록 바른 독해를 하도록 하자.

문제를 풀 때는 가장 자신 있거나 쉬운 문제부터 시작하는 것이 좋다. 처음부터 어려운 독해 지문을 풀게 되면 뇌에 많은 부담을 주게 된다. 이러한 부담은 독해가 잘 되지 않아 결국 좋은 점수를 얻지 못한다. 그러나 자신 있거나 쉬운 문제부터 푸는 것은 우리의 뇌가 문제에 적응하는 데 도움을 준다. 이렇게 적응하고 나면 점차 어려워지는 문제도 풀어 나갈 수 있다. 그렇기 때문에 문제 유형을 미리 파악하고 있는 것이 중요하다. 문제 유형을 알고 자신 있거나 쉬운 문제부터 빨리 풀 수 있어야 한다. 혼동되는 문제는 일단 넘기고 아는 것부터 확실히 푼 다음에 남은 시간에 혼동되거나 이해하기 힘든 문제를 푸는 것이 고득점을 맞는 방법이다.

미국 유학을 생각하고 있는 학생들에게…

 이 글을 읽는 학생들 중에는 미국이나 다른 나라로 유학 가는 것에 대해 생각하고 있을 것이다. 유학을 하는 이유로 여러 가지를 생각해 볼 수 있지만, 가장 큰 이유는 영어를 보다 잘 배우고 이용하기 위해서일 것이다. 그 동안 학교를 다니면서 이론으로만 배워왔던 영어를 살아 있는 현장에서 배운 영어로 바꾸어 마음껏 쓸 수 있도록 해야 할 것이다.

많은 학생들이 유학을 오게 되면 자기가 얼마나 우물 안에 개구리 식으로 영어 공부를 했는지 깨닫게 될 것이다. 시험을 잘 보기 위해 열심히 외웠던 단어는 써먹지 못하고 영어 듣기는 자신이 시험을 볼 때와는 아주 다르다는 것을 직접 느낄 것이다. 그리고 영어 회화와 듣기가 얼마나 중요한 비중을 차지하고 있는지도 새삼 깨닫게 될 것이다.

내가 처음 미국에 와서 미국인과 대화를 할 때였다. 대화를 하기 전에 모든 문장을 머릿속에 만들어 놓고 문법과 단어를 따져가며 멋지게 말을 했다.

하지만 나와 대화를 하던 미국인은 내가 마치 다른 나라 말을 하는 것인 양 이해하지 못했다. 난 순간적으로 당황했고 영어라면 자신 있는 나였기에 더욱 충격이 컸다. 이유는 간단했다. 내 발음에 문제가 있었던 것이다. 유창하게 한답시고 혀를 굴렸다가 못 알아 듣기에 한국식 발음으로 했지만 돌아오는 반응은 여전히 이해하지 못했다는 표정이었다.

이렇게 당황하고 있을 때 미국인이 나에게 뭐라 얘기를 했다. 난 이해를 할 수가 없었다. 아니 들리지 않았다. 당황했던 탓도 있었겠지만 테이프로만 들어왔던 듣기와는 전혀 다른 것이었다. 항상 또박또박 발음하며 억양과 강세를 말하던 그런 듣기 문제와는 판이하게 달랐던 것이다. 난 자신을 자책하는 동시에 흑인이었기에 못 들었을 거라 생각을 했지만 결국 자신의 합리화밖에 되지 않았다. 나중에 다른 미국인들을 만나봤지만 그들 역시 내 말을 이해하지 못했고 나 역시 그들 말을 알아 들을 수가 없었다. 이쯤 되면 영어 말하기와 듣기가 얼마나 중요한 지 알게 될 것이다. 앞에서 영어 듣기는 언급을 했으니 영어 말하기에 대해 알아보도록 하자.

"영어를 유창하게 말한다."는 말은 끊임없이 여러 번 반복하지 않고 매끄럽게 이야기한다는 것이다. 또한 자신의 생각과 의견을 논리적으로 말하는 능력을 의미하기도 한다. 이는 어떤 상황이든지 자신이 하고자 하는 말을 정확하게 상대방에게 의미 전달을 하는 것이다. 영어 회화를 배우는 학생이라면 누구나 유창하게 말을 하고 싶어할 것이다. 어떻게 하면 유창하게 잘 말할 수 있을까? 비록 나도 유창하게 말을 하지 못하지만 매일 노력하고 있다.

영어 회화, 미국인처럼 유창하게 말하기

발음에 자신감을 갖자

말을 유창하게 한다는 것은 발음도 네이티브 수준이 된다는 것이다. 물론 네이티브처럼 된다는 것은 쉬운 일이 아니며 군이 네이티브처럼 발음을 할 필요는 없다. 하지만 발음까지 네이티브의 수준이 된다면 말을 유창하게 하는데 자신감이 생길 것이다. 영어는 언어 특성상 한국 말과는 달리 리듬이나 강세, 억양 등에서 많은 차이가 있다. 때문에 유창한 발음을 원한다면 많은 연습을 해야 할 것이다. 내 경우 중학교 때 스님이면서 미국 펜실베이니아 대학 교환 교수 및 『스님 어떻게 영어를 잘하십니까』의 저자인 황승우 영어 선생님에게 발음을 배웠다.

매일 학원에 다니며 1년 동안 배운 것은 많은 단어와 함께 발음 연습이었다. 처음에는 아무것도 모르고 따라 했지만 지금은 황승우 선생님 덕분에 발음에 있어서 많은 자신감이 생겼다.

나는 선생님이 하시는 발음을 가능한 똑같이 모방하려 했다. 집에 와서도 거울을 보고 입술 모양을 살펴가며 최대한 똑같이 발음하려 했다. 이렇게 노력한 결과 중·고등학교에서 영어 웅변 대회에 대표로 뽑힐 수 있게 되었으며 미국에 와서도 수학 과외를 얻는데 많은 도움이 되었다.

기본 문장을 많이 외우도록 하자

내 경우, 많은 기본 문장을 머릿속에 담고 있다. 그래서 상황에 따라 단어를 적절히 바꿔가며 미국인들과 대화를 한다. 비록 내 영어 실력은 뛰어나지 못하지만 많은 기본 문장 덕분에 유창하게 이야기한다는 말을 듣는다. 수학 과외 할 경우도 설명하는 기본 문장을 많이 암기하고 있다 보니 영어로 수학을 설명할 때만큼은 네이티브 정도로 말하게 되었다. 그렇기 때문에 영어로 유창하게 말하고자 하는 학생은 무엇보다 가장 많이 응용할 수 있는 기본 문장을 외우는 것이 중요하다. 그리고 가능한 많은 상황을 접하며 그때마다 적절히 단어를 바꾸도록 하자. 그러면 하나의 문장으로도 수많은 대화 구문을 만들 수 있을 것이다.

실수는 성공의 어머니! 두려워하지 마라

미국 사람과 이야기하는 유학생들 중에는 대화하는 것 자체를 두려워하는 사람이 있다. 만약 대화하는 것을 두려워하는 사람이 있다면 절대 영어 말하기를 잘하지 못할 것이다. 모든 사람은 처음부터 잘할 수 없다. 많은 유학생들이 실수도 많이 하고 흔히 말해 콩글리시로도 이야기한다. 하지만 미국인들은 우리가 네이티브가 아니라는 점을 알고 있기 때문에 다 이해하려 노력한다. 내 경험에 비추어 보면 많이 실수할수록 많이 배웠다. 하지만 이런 실수도 두렵다는 생각을 갖고 원천적으로 미국인과 대화하기를 싫어한다면 절대 영어 말하기를 잘할 수 없음을 명심하자.

한국어를 영어로 '번역=영작' 하지 말자

지금까지 수많은 미국인과 대화를 하면서 종종 말이 막히는 경우가 있었다. 그때마다 막히는 이유를 분석한 결과 나는 한국어를 영어로 번역하려 했다는 것을 알게 되었다. 영어로는 한국어를 전부 표현할 수 없는데도 난 한국어와 똑같이 영작을 하려 했던 것이다. 단어 하나 안 빼고 한국어가 가지고 있는 뉘앙스까지 표현하려다 보니 결국 제대로 말도 못 하고 어물쩍 넘어가는 경우가 허다했다. 그래서 우리에게는 외국인의 사고 방식과 영어 발상이 필요하다는 것이다. 외국인의 사고 방식을 이해하게 되고 영어 발상을 하게 되면 한국어를 영어 번역하는 일을 피할 수 있다. 한국어를 영어로 번역하지 말아야 할 것이며, 영어 발상을 갖도록 하자.

영어로 말하는 습관을 갖자

유학 생활 중에서 하지 말아야 할 일 중에 한 가지가 한국 사람과 가능한 만나지 말아야 한다는 것이다. 비싼 돈 들여가며 영어를 배우러 왔는데 한국 사람들과 만나 얘기하는 순간 유학 온 의미가 없어진다. 이는 한국 사람과 만나는 것에 잘못이 있다는 것이 아니라 영어로 말할 수 있는 기회가 줄어든다는 것이다. 영어로 말하는 습관을 만들기 위해서는 스스로가 말할 수 있는 상황과 조건을 만들어야 한다. 내 경우, 학교에서 Math T. A.라는 직업과 수학 과외를 직접 구했다. 이렇게 함으로써 경제적으로 도움이 되었을 뿐만 아니라 영어 말하기 실력을 늘릴 수도 있었다. 수학을 가르치면서 100% 영어로 설명하고 문제를 풀어야 했기 때문에 나의 영어 실력은 많이 향상이 될 수밖에 없었다. 나중에는 같은 말과 설명을 여러 번 하다 보니 네이티브만큼 영어로 유창하게 말할 수 있게 되었다.

유학을 생각하는 학생이라면 영어 회화에 많은 시간과 노력을 투자해야 할 것이다. 그렇다고 처음부터 유학 와서 배운다는 생각은 잘못 됐다. 같은 돈이면 한국에 더 좋은 환경에서 영어라는 언어를 빨리 마스터할 수 있는 것도 사실이다. 그렇기 때문에 80%는 한국에서 만들고 부족한 20%를 미국에서 채운다는 생각을 갖는 것이 바람직하다. 내 경우 ESL를 두 달 만에 졸업하고 학교 Math T. A.되는데 정확히 5개월이란 시간이 걸렸다. 하지만 한국에서 보다 더 완벽히 만들어 온다면, ESL도 두 달이 아닌 한 달, 아니 곧 바로 학교에 입학해서 보다 좋은 환경을 만들 수 있을 것이다.

토플(TOEFL) 공부 제대로 하기

미국 유학을 생각하고 있는 학생이라면 반드시 넘어야 할 관문이 토플(TOEFL : Test Of English as a Foreign Language)이라는 시험일 것이다. 이는 외국인 학생들을 대상으로 대학에서 수업을 들을 수 있는 여부를 토플을 통해 평가하는 시험이다. 그렇기 때문에 토플을 어떻게 공부해야 하는 가를 아는 것도 중요하다.

학원에 다니기

토플을 짧은 시간 안에 혼자서 끝낼 수 있는 학생이라면 굳이 학원에 다닐 필요가 없다. 그렇지 않다면 무엇보다 토플 학원에 먼저 다니라고 권하고 싶다. 내 경우, 한국에 CBT라는 토플 제도가 도입되기 직전 토플 학원에 두 달 동안 다녔다. 학원을 처음 다닐 당시만 해도 토플에 '토' 자도 모르고 다니게 되었다. 여러 개 반 중에서도 173점이 넘어야 들을 수 있는 종합반에 무조건 신청했다. 그리고 아무런 준비 없이 학원에 간 첫날 토플 모의고사를 보게 되었다. 시험 본다는 사실을 몰랐기에 순간 당황했지만 기본 실력도 체크해 볼 겸 학원에서 치르는 모의고사를 봤다. 시험을 보고 바로 채점을 하고 나서 도저히 얼굴을 들 수가 없었다. 173점 이상만 들을 수 있다는 반에서 난 고작 100점 대밖에 맞지 못했기 때문이다. 하지만 두 달 동안 열심히 학원을 다닌 결과 100점 대의 모의고사는 250점을 넘게 되었다.

토플을 실력이냐 기술이냐 라고 하는 데는 많은 의견이 있지만 내 경우에는 기술적인 면이 더 많이 작용했다. 학원 선택을 잘하게 되면 SW(Structure and Written Expression) 같은 경우 그 요령을 금방 배울 수 있다. SW을 풀 때 독해해서 정도(正道)의 방법으로 문제를 푸는 학생이라면 짧은 시간 안에 SW을 마스터 할 수 없다. 하지만 학원에서는 짧은 시간 안에 정확한 답을 찍는 비법을 가르쳐 준다. 그래서 학원에서 가르쳐 주는 방법으로 열심히 한다면 한 달 후에는 SW만큼은 만점을 맞게 될 것이다.

RC(Reading Comprehension) 역시 학원에서 가르쳐 주는 방법과 함께 토플에서 가장 많이 출제된 단어집을 완벽히 마스터 한다면 25점을 넘기는 것은 시간 문제이다. 하지만 요령과 기술적인 방법으로 토플이란 시험을 잘 볼 수 있는 영역이 있는가 하면 기술적인 방법보다 노력과 실력이 요구되는 부분도 있다. 즉 LC(Listening Comprehension)와 TWE(Test of Written English) 영역이다. 특히 LC 부분은 단시간에 기술로는 완성될 수 없는 영역이기에 꾸준히 훈련해야 한다. TWE 역시 짧은 시간 동안 마스터 하기란 쉽지 않다. 계획을 세워 주어진 주제를 가지고 정해진 시간 안에 자신이 생각한 바를 글로 잘 표현하는 훈련을 해야 한다. 그래서 LC나 TWE 영역만큼은 "뿌린 만큼 거둔다."라는 말을 꼭 명심해야 한다.

■ 토플, 혼자 공부하기 – 한 달 만에 213점 넘기

토플을 처음 공부하는 학생이라면 학원에 다니면서 요령을 나름대로 습득하는 것이 좋다. 그리고 그런 요령과 기술을 익혔다면 나름대로 토플이라는 것을 정복해야 한다. 내 경우, 학원을 다닌 것만으로 진짜 토플 시험에서는 190점을 쉽게 넘을 수 있었다. 하지만 마의 213점 넘기는 쉬운 일이 아니었다. 그래서 나름대로 토플을 분석하고 공부한 결과 한 달 만에 213점이라는 점수를 넘을 수 있었다. 낮에는 수학 과외를 하며 밤에는 토플 공부를 해야 한다는 어려움이 있었지만 계획을 잘 세워 꾸준히 공부한 결과였다.

그렇다면 한 달 만에 어떻게 213점을 넘길 수 있었는지 방법을 소개하겠다. 하지만 이런 방법을 참조하면서 자신에게 맞는 좋은 방법을 찾도록 하는 것이 바람직하다. 그리고 빨리 끝내고자 한다면 한두 달만큼은 토플 공부에만 매달리라고 말하고 싶다.

TOEFL

토플 정복하기

1. LC - 꾸준히 노력하자

LC 영역은 무엇보다 고득점 획득에서 가장 큰 걸림돌이라 할 수 있다. 쉬운 것 같으면서도 잘 올라가지 않는 점수 때문에 많은 학생들이 LC에서 고생을 하고 있다. 앞에서 언급을 했지만 계획을 세워 꾸준히 훈련하는 것이 중요하다.

Part A 공부하기

LC에서 Part A가 중요하다는 것은 잘 알 것이다. 그리고 문제 출제 방식도 CAT(Computer Adaptive Testing)이기 때문에 Part A를 어떻게 시작하느냐에 따라 고득점이 결정된다. Part A는 짧은 대화체로 답을 맞추는 것이기 때문에 많은 집중력을 요구한다. 그렇기 때문에 짧은 시간 동안 잘 듣는 훈련을 해야 하며 정해진 패턴을 찾아 연구 · 분석해야 한다.

1. 문제를 풀 때 대강 답을 짐작하면서 한 번 듣는다.
2. 두 번째 들을 때는 자신이 생각한 첫 번째 답이 맞는지 확인하면서 정확한 답을 고르도록 한다. 그리고 나서 답을 체크한다.
3. 문제 script를 보고 문제를 다시 본다.
4. 한 번 더 들으면서 script에 자신이 틀린 부분에 밑줄을 긋는다.
5. 밑줄을 긋고 나서 어떻게 들리지 않았는지 분석하면서 반복해서 그 구간만 다시 듣는다.
6. 완벽하게 들릴 때까지 반복해서 듣고 나름대로 원인 분석을 적는다.
7. 틀린 문제를 완전 정복을 한 다음 처음부터 script 없이 다시 풀어본다.
8. script를 보면서 한 번씩 따라 하면서 읽어 보도록 한다.
9. 중요한 사항은 반드시 노트에 적어 암기하도록 한다.

Part B 공부하기

이 부분은 Part A와는 달리 긴 대화체로 구성이 되어 있다. 사람에 따라 체감 난이도는 다르지만 많은 학생들이 Part B를 더 쉽다고 생각하는 편이다. 하지만 여기에는 보이지 않는 함정이 있다. 문장이 너무 길다 보니 듣기 시험이라기보다 암기력 테스트가 될 수 있으며 자신도 모르게 다른 생각을 하기 쉽다. 이런 점을 주의하면서 공부해 보도록 하자.

Part B는 Part A와 마찬가지 방법으로 훈련하되 몇 가지 다른 점만 이야기하겠다.

1. 대화에 관련된 이야기를 찾아 배경 지식을 쌓는다.
2. 모르는 단어나 표현이 나왔다고 해서 알려 하지 말고 전체적인 흐름을 파악한다.
3. 문제와 답이 될 부분을 예상하며 듣는다.
4. Part A와는 달리 상당히 긴 문장이기 때문에 인내심을 가지고 듣는 훈련을 한다.
5. 대화가 길다 보면 혼동되기 쉽다. 때문에 혼동되지 않도록 머릿속에서 잘 정리하며 듣도록 한다.

LC는 무엇보다 인내심을 가지고 계획을 세워 꾸준히 연습하는 길이 가장 좋은 방법임을 다시 한 번 강조하면서 이제 SW는 어떻게 공부하는 것인지 알아보자.

2. SW - 요령과 기술을 익히자

문제 패턴을 알고 요령과 기술을 익히는 것이 가장 빨리 SW(Structure and Written Expression)를 끝낼 수 있는 방법이다. 하지만 독해하듯이 하나하나 정성 들여 푼다면 엄청난 시간과 노력을 해야 하기 때문에 별로 권하고 싶지 않다. 어찌 보면 요령과 기술이 가장 많이 요구되는 부분이 SW라는 영역일 것이다.

그래서 방법만 알아도 절반 이상은 쉽게 맞는다고 말하는 사람들도 있다. 나도 이런 요령과 기술 때문에 PBT 시험에서는 60문제를 15분 이내에 풀고도 만점을 맞을 수 있었다.

따라서 SW는 요령과 기술을 익히도록 하자. 시중 서점에 가면 SW에 관한 요령과 기술에 대해 소개를 해놓은 책들이 많이 있다. 또한 학원에 다니게 되면 많은 것을 배울 수 있다. 그래서 이런 책을 구입하거나 학원에 다니면서 요령과 기술을 익힌 후 많은 문제를 풀어보는 것이 중요하다.

3. RC - 요령과 기술을 익히자

우리는 중학교, 고등학교에서 대부분은 영어 독해를 공부해 왔다. 또한 수능을 대비해 많은 시간과 노력을 영어 독해에 투자해왔기 때문에 다른 영역에 비해 공부하기가 훨씬 쉬울 것이다. 그렇지만 역시 토플만의 문제 유형이 있기에 어떻게 공부해야 하는지 아는 것이 중요하다.

앞에서도 언급했지만 독해를 잘하기 위해서는 번역은 피하고 배경 지식을 아는 것이 중요하다. 특히 토플에서는 배경 지식이 발휘하는 영향이 엄청나게 크다. 이런 배경 지식을 쌓는 방법으로 토플 후기라는 것이 있다. 물론 합법적인 방법은 아니지만 인터넷을 검색해 보면 많은 학생들이 토플을 보고 난 후 후기라는 것을 올려놓는다. 어떤 문제들이 출제되었는지 배경 지식을 쌓기 위해 이런 토플 후기를 읽어보는 것도 좋은 방법이 될 수 있다. 뿐만 아니라 토플 독해에는 미국 교육 시험 기관인 ETS(Educational Testing Service)에서 문제를 만들다 보니 미국 대학에서 배울 법한 과목들의 지문을 많이 이용한다. 특히 미국 역사와 지질학 그리고 생물학 등에 관련된 지문이 독해 문제로 출제되는 경향이 있기에 이러한 배경 지식을 쌓는 것도 RC 정복의 지름길이다.

하지만 토플에서는 모든 문제의 답은 지문 안에 다 들어 있기 때문에 머리를 써가면서 어렵게 문제를 풀 필요가 없다. 문제를 읽고 선택지를 본 다음에 요구하는 답이 어디 있는지 잘 찾아보면 본문에 답이 전부 있다는 것을 발견하게 될 것이다. 이 때 우리가 쓰는 독해 방법은 책 읽는 방법에서 언급한 스캐닝 방법과 스키밍 방법이다. 나와 있는 지문을 빠른 속도로 읽은 다음 자신이 원하는 부분의 답을 찾도록 해야 할 것이다. 그리고 배경 지식은 본문을 빨리 이해하기 위한 하나의 지식일 뿐이지 답을 고르는데 이용하는 말이 아님을 알아야 한다. 참고로 후기는 RC에 도움을 줄 뿐이다. 그러므로 고득점을 원하는 학생이라면 LC만큼은 토플 후기를 안 보는 것이 바람직하다.

다른 영역에서도 단어의 중요성을 언급했지만 특히나 토플에서 토플 단어는 RC 고득점에 있어서 반드시 정복하고 가야 할 산이다. RC의 많은 문제들은 비슷한 뜻의 단어를 물어보는 경우가 많다. 그렇기 때문에 토플 빈출 단어집을 통해 완벽하게 단어를 암기하면 문제는 쉽게 풀 수 있다. 반드시 토플에 관련된 단어집을 완벽히 공부하고 시험을 볼 수 있도록 하자.

4. TWE - 꾸준히 노력하자

LC와 함께 많은 시간과 노력을 요구하는 영역이다. 계획을 세우고 꾸준히 써보는 것이 무엇보다 중요함을 다시 한 번 강조한다.
TWE는 시간이 30분밖에 주어지지 않기 때문에 주제를 보는 즉시 막힘 없이 쓸 수 있도록 연습을 해야 한다.
TWE를 쓰는 방법에는 손으로 직접 쓰는 방법과 컴퓨터로 작성하는 방법이 있다. 사람마다 취향이 다르겠지만 개인적으로는 컴퓨터를

이용한 작성법을 추천한다. 컴퓨터로 작성하게 되면 편집하는데 유용하며 많은 시간을 절약할 수 있다. 그러므로 컴퓨터로 작성하는 방법을 연습하자.

브레인스토밍(Brainstorming)을 익히자

이 말은 자유로운 토론을 통하여 독창적인 아이디어를 이끌어 내는 사고 개발법을 의미한다. 글을 쓰는 시간은 30분으로 제한되어 있다. 그렇기 때문에 주제를 보는 순간 글쓰기로 바로 들어가는 것이 바람직하다. 이렇게 하기 위해서는 브레인스토밍이 필요하다.

주제를 보는 순간 5분 안에 어떻게 쓸 것인가를 구상할 수 있어야 한다. 그렇기 때문에 TWE 연습을 하면서 주제를 가지고 어떻게 쓸 것인지 생각을 하는 게 중요하다. 될 수 있으면 많은 주제를 가지고 내용 구상 연습을 해보는 것이 좋다.

자신이 평소에 좋아하는 문장이나 단어를 쓴다

많은 학생들이 고득점을 맞기 위해 무리하게 어려운 단어나 표현을 쓰려고 한다. 하지만 이런 단어와 표현들은 오히려 문맥상 의미가 달라지고 어색한 문장을 만들 수 있다. 그래서 평소 글쓰기 훈련을 할 때 쉬운 단어를 사용해 익숙한 표현으로 자신의 생각을 쓰는 것이 바람직하다. 쉽고 익숙한 문장으로 쓰되 반드시 문법에 맞는 문장을 사용한다.

문장 구성을 3단계(서론 – 본론 – 결론)로 한다

이는 미국 대학에서 글을 쓸 때 가장 즐겨 쓰는 방법이다. 서론에는 자신이 어떻게 쓸 것인지 분명히 밝히고 본론에 가서는 자신의 생각을 예시와 함께 써가는 것이 좋다. 그리고 결론에서는 서론을 언급하며 논리적으로 자신의 주장을 강조하는 3단계 구성을 만들도록 해야 한다.

장황한 설명은 피하라

고득점을 위해 설명을 자세하게 하는 것은 좋다. 하지만 자신이 없는 사람은 오히려 자신의 생각을 짧고 간단 명료하게 쓰는 것이 바람직하다.

무엇보다 중요한 것은 30분 안에 채점관에게 자신의 생각이 잘 전달되도록 쓰는 것이다. 많이 쓴다고 점수가 잘 나오는 것이 아니다. 짧지만 논리적으로 일관성 있게 쓴 글이 오히려 점수가 잘 나온다.

30분이라는 시간을 엄수한다

TWE의 시간은 항상 정해져 있다. 특히 컴퓨터로 보는 학생이라면 더욱 시간을 염두해 가며 써야 한다. 시간을 적절히 배분하지 못한 학생은 불안감 때문에 결국 다 쓰지도 못하고 시험을 마치는 경우가 많다. 따라서 자신의 생각을 논리 정연하게 쓰되 정해진 시간 안에 표현할 수 있는 훈련을 하자.

8 드리고 싶은 말씀

8
What I want
to say is…

학부모님께

 우리나라의 교육열이 세계 최고라는 것은 이미 널리 알려진 사실이다. 이렇게 되기까지 부모님의 헌신적인 뒷바라지가 있었기에 가능했다. 하지만 이런 과잉 열성이 자녀들을 점점 힘들게 함을 알아야 한다. 요즘 아이들을 보면 저학년일수록 더 바쁜 것 같다. 방과 후 피아노 학원, 컴퓨터 학원, 영어 학원, 수학 학원 등에 다니는 것을 보면 배우기 위해 사는 것인지 살기 위해 배우는 것인지 가끔은 의문이 생긴다. 그렇다 보니 학생들도 자기가 다니는 학교보다 학원을 더 중요하게 생각하고 '학교는 어쩔 수 없이 다녀야 한다' 는 안타까운 생각을 하고 있다.

"모든 공부는 가정으로부터 시작된다." 말이 있다. 이는 가정 교육이 얼마나 중요한지를 단적으로 보여주는 말이다. 우리 사회에서 가정 교육이 중요한 이유는 가정이란 사회 집단의 기초로서 개인의 정체성과 자아 확립에 도움을 주기 때문이다. 또한 부모는 자녀가 사회 생활과 인간 관계를 잘 형성할 수 있도록 인도해 주어야 한다. 그렇기 위해서는 부모의 가치관이 먼저 바뀌는 것이 중요하다. 부모 중에는 자신이 배우지 못한 안타까움을 자식을

통해 대리 만족하려는 사람들이 있다. 그 결과 자식을 학원으로, 과외로 계속 내몰고 있다. 이는 분명 잘못된 생각이다.

하루에 자녀들과 얼마나 자주 대화를 하는지 생각해 보라. 어느 통계에 의하면 고학년이 될수록 부모와의 대화가 점점 단절되어 가고 있다고 한다. 부모님처럼 가깝고 많은 시간을 함께 보내는 사람이 없다. 하지만 부모님과 대화가 되지 않을 때 자녀들은 많이 힘들어 하고 다른 생각을 가지게 된다. 자녀들은 학원보다는 오히려 부모님과의 대화를 더 바라고 있는지 모른다.

자녀는 부모님과 대화를 통해
눈높이를 맞추고 자신의 꿈과 목표를
재설정할 수 있다.
그리고 부모는 자식의 꿈과 목표가
잘 이루어질 수 있는
나침반 역할을 해야 한다.
하지만 대부분 바쁜 직장생활 때문에
자녀와의 대화가 없다.
이는 자녀의 학년이 높아질수록
대화가 단절되는 부작용으로 이어질 수 있으며
자녀의 부모님에 대한 공경심이 사라질 수 있다.

좋은 학생들에게는 좋은 부모님이 있다.
즉 자녀가 올바른 학교 생활을 하며
자신의 꿈과 목표를 이룰 수 있도록
부모님이 인생의 선배로서
많은 도움을 주어야 한다.
그렇기 위해서 부모는 자식과의 대화를 통해
자식이 무엇을 요구하며
어떤 생각을 가지고 있는지 알아야 한다.
이를 위해서는 무엇보다
자녀의 눈높이에 맞춘 대화가 중요하며
이런 대화를 통해 서로를 잘 이해하고
알아갈 수 있다.
무리한 부모님의 욕심은 자녀를 힘들게 만들며,
자녀의 자아 정체성 확립에
큰 걸림돌이 될 수 있음을
부모님은 알아야 한다.

선생님들께

 어느 시대, 어느 사회에서 교육이 중요하지 않았을 때는 없었지만 지금 시대에서 교육의 중요성은 점점 더 강조되고 있다. 학생들이 부모님 다음으로 존경하는 분이 있다면 바로 학교 선생님일 것이다. 그리고 가정 다음으로 많은 시간을 보내는 곳이 학교라는 곳이다. 그래서 부모님 못지않게 중요한 역할을 하는 사람이 선생님이다. 선생님은 학생들에게 부모님만큼이나 많은 영향을 주고, 학생들은 선생님으로부터 많은 것을 배우게 된다. 하지만 갈수록 많은 학생들이 선생님을 존경하지 않고 있으며, 학교는 단지 가야만 되는 곳으로 생각하고 있다. 이는 학생들의 잘못된 생각에도 원인이 있지만 선생님에게도 적지 않은 책임이 있다.

고등학교 시절, 나는 서로 다른 두 분의 선생님을 만나게 되었다. 수능 모의고사를 망치고 선생님과 면담을 하게 되었다. 한 선생님은 나에게 공부를 포기하라고 말씀하셨고, 다른 한 선생님은 잘할 수 있을 것이라고 격려를 해주셨다. 첫 번째 선생님의 말씀 한마디는 사춘기인 나에게 큰 상처를 준 반면 두 번째 선생님께서 하신 말씀은 나에게 많은 용기와 희망을 주었다. 똑같이 잘하라는 말이었겠지만 어떻게 말하느냐에 따라 사춘기 청소년의 가슴

에 상처를 주기도 하고, 잘할 수 있다는 희망을 갖게 하기도 한다. 나는 두 번째 선생님 때문에 수학이란 과목을 포기하지 않고 더욱 열심히 공부하였고, 미국에 와서도 수학을 잘할 수 있게 되는 원동력이 되었다.

사람은 처음부터 완벽할 수 없다. 실수를 하고 잘못을 하더라도 따뜻한 관심과 격려로 용기를 줄 수 있는 사랑이 필요하다.

이러한 생각을 한 사람이 스위스 출신의 교육학자 페스탈로찌이다. 페스탈로찌의 교육은 허식이 아닌 아이들의 잠재된 힘과 재능을 개발해 주며 이를 통해 인간답게 살 수 있도록 해주는 것이다. 하지만 교육은 어디까지나 기술이나 기능일 뿐 그 바탕은 가르치는 사랑에 있다고 하였다. 이러한 사랑을 바탕으로 아이들의 인간성을 보존하고 각 개인에게 맞게 발전시켜야 한다고 생각했다. 이를 위해 가정 교육의 중요성을 역설했으며 학교에서 전인교육이 필요하다고 강조했다. 이러한 페스탈로찌의 사상은 약 250년이라는 시간 차이에도 불구하고 여전히 우리 사회에 필요한 교육 사상이라고 생각한다.

나는 힘든 고등학교 시절 다행히 페스탈로찌의 교육 사상을 가진 선생님을 만났기에 미국이란 이국 땅에서도 혼자서 잘해내고 있다고 믿고 있다.

내가 강조하는 바는 권위주의적이고 학생의 잘못만 비판하고 질책하는 선생님이 아니다. 학생이 가지고 있는 다양한 능력을 계발시키고 꿈과 목표를 이룰 수 있도록 격려하는 선생님이 필요하다는 것이다. 학생의 잘못을 사랑으로 감싸주고 올바른 방법으로 고쳐 나갈 수 있도록 도와주는 전인교육이 되어야 한다는 것을 선생님은 반드시 알아야 한다.

학생들에게

"공교육이 무너지고 있다."는 말은 비단 지금만의 문제가 아닐 것이다. 이미 오래 전부터 학생들의 학교에 대한 믿음이 떨어졌고 선생님에 대한 존경심이 땅에 떨어졌다. 언제부터인지 학생들은 학교에서 가르치는 선생님을 우습게 보았다. 대중 매체를 통해 접한 바로는 체벌하는 선생님을 학생이 신고하는 등 갈수록 교단의 권위가 무너지고 있다고 한다. 미국에서 학생을 가르치는 선생님이자 배우는 학생인 나로서는 가슴이 아프다. 우리는 언제부터 학생이 선생님을 신고하고 선생님은 학생의 눈치를 보게 되었는가? 이는 선생님의 잘못된 태도에도 문제가 있지만 다른 한편으로는 학생에게도 많은 문제점이 있다.

학생을 가르치는 교육자로서 학생이 잘못되라고 때리는 사람은 없을 것이다. 만약 있다면 이는 교육자로서 자격이 없는 선생님이라 생각된다. 모든 결과에는 원인이라는 것이 있기 마련이다. 선생님들이 학생을 이유 없이 체벌하거나 벌을 주는 경우는 없을 것이다. 그만큼 학생에게 잘못이 있기 때문에 가르치는 선생님으로서 학생을 올바르게 잡아주기 위해서 체벌하거나 벌

줄 것이다. 학생들은 선생님이 체벌하거나 벌 주는 것에 대해 나쁘게 생각하기 전에 왜 자신이 잘못을 해서 벌 받게 되었는지 생각해 보는 자세를 가져야 한다.

내가 고등학교 시절, 선생님에 따라 학생들의 공부하는 태도와 수업 분위기는 극과 극이었다. 자상하신 선생님이 들어오시면 그야말로 수업 분위기는 도저히 공부를 할 수 없을 정도로 시끄럽고 어디에서도 선생님에 대한 배려는 찾아 볼 수 없었다. 반면 무서운 선생님이 들어오시면 공부하는 태도와 수업 분위기는 그야말로 정반대가 되었다. 쥐 죽은 듯 조용하고 자거나 딴짓을 하는 학생은 전혀 없었다. 왜 선생님에 따라 이렇게 공부하는 태도와 수업 분위기가 달라져야 하는가? 이는 배우는 학생들에게 어떤 문제점이 있는지 아는 것이 중요하다.

흔히들, 우리나라의 교육 방식을 선진국과 많이 비교한다. 앞에서 언급했듯이 가르치는 선생님의 역할도 중요하다. 하지만 배우는 자세는 이보다 더 중요하다. 미국에서는 많은 학생들이 선생님을 존경할 줄 알고 따를 줄 안다. 선생님이 꾸중을 하기 전에 자신의 행동을 먼저 살피고 조심할 줄 안다는 것이다. 하지만 요즘 학생들을 보면 선생님에 대한 존경심이 없고 공부하는 자세와 수업 분위기에도 많은 문제점이 있다. 배우는 학생들은 이 점을 명심해야 할 것이다. 좋은 학생에게는 좋은 선생님이 있다. 다시 말하면 좋은 선생님이 있기 때문에 좋은 학생이 있다는 것이다. 학생들이 선생님을 존경하고 따를 때 좋은 선생님이 된다는 것을 잊지 말아야 할 것이다.

미국에서 바라보는 한국 교육
– 미국 vs. 한국

내가 미국에서 대학을 다니고 학생들에게 수학을 가르치는 동안 미국 학생과 한국 학생을 비교해 볼 수 있었다. 안타깝지만 한국 학생들은 획일적인 주입식 교육 때문에 이해보다는 암기에 치중하여 공부를 하고 있다. 배우는 과정보다는 결과를 중시하고 학생들이 공부를 하는 이유도 자기의 특성과 적성은 생각하지 않고 좋은 대학에 가기 위해서다. 반면 미국 학생들은 학교에서 논리적이고 합리적인 사고에 중점을 두고 배우며 결과보다는 배우는 과정을 더 중요시 여기고 있다. 그래서 미국 학생들은 대학이란 곳보다 단계적으로 실질적인 배움에 초점을 맞춰 공부를 하며 자기의 특성과 적성을 찾는다.

또한 차이점은 교실 분위기에서도 찾아볼 수 있다.

한국 학생들에게 선생님이 질문을 한다면 손을 드는 학생이 이상할 정도로 발표하기 싫어한다. 이는 학생과 선생님의 잘못된 생각과 태도에서 비롯된다. 학생은 혹시나 틀린 답을 발표하지 않을까 두려워하거나 선생님은 틀린 답을 말했다고 체벌하는 일이 있기 때문이다. 그래서 학생 스스로가 발표를 하는 것보다 선생님이 시켜서 발표하는 경우가 더 많다. 하지만 미국 교실에서는 학생들이 발표하기를 좋아한다. 모두들 자신의 생각을 다른 사람에게 논리적으로 발표하는 것을 자랑스럽게 생각한다.

이들은 틀린 답을 말해서 당하는 창피함보다 자기가 왜 잘못된 생각을 하고 있는지 알아가는 것을 더 중요하게 생각하기 때문이다. 그래서 수업시간에 선생님과 학생들 사이에 스스럼없이 대화하고 토론을 하면서 수업이 진행된다. 즉 선생님은 학생들의 의견을 존중하고 잘못된 것은 고쳐 나갈 수 있도록 도와 주는 역할을 한다.

한국에서는 일류 대학이라는 목표아래 모든 학교와 학생들이 움직이고 있다. 학생들의 여가 생활이나 인간관계 그리고 감성적인 면은 생각하지 않고 오직 공부라는 단어만을 학생들에게 세뇌시키고 있다. 그래서 고학년이 될수록 많은 과목을 학교에서 배우게 되며 이는 자신의 의지와 상관없이 무조건 다 배우게 된다.

하지만 미국에서는(학교마다 다르지만) 1년에 6~7과목을 배운다. 4과돔 정도는 필수 과목이고, 나머지 과목은 학생들 스스로가 선택한다고 한다. 과목수로만 따지자면 한국은 미국을 앞서지만 공부하는 깊이에 있어서는 오히려 한국이 수학 겉핥기 식으로 배우게 된다. 미국에서는 공부도 중요하지만 사회적 봉사 활동을 중요시 한다. 그래서 많은 학생들이 학교나 지역 봉사 활동을 통해 사회성을 키우며, 이들은 모든 것을 학교에서, 선생님으로부터, 다른 학생들로부터 배우게 된다. 이는 학교보다는 학원을 많이 다니는 한국 학생과 비교가 된다.

100일 수능 대비 이렇게 하자!!

1. 학교 수업이 가장 중요하다

– 모든 공부는 학교 진도와 수업을 중심으로 해야 한다. 학교 수업이 있을 때는 학교 수업에서 배운 내용을 중심으로 참고서나 문제집을 활용하여 공부하자.

– 주말 또는 공휴일, 방학 때는 별도로 부족한 부분을 완전 정복할 수 있는 학습 계획을 세워 공부하도록 한다.

2. 단 하루 대학 수학 능력 평가에 모든 컨디션을 맞춰라

– 모든 일정을 대학 수학 능력 평가에 맞춰 생활하라.

– 가장 공부가 잘 되는 시간을 이용해서 공부하라.

– 연습을 실전처럼 하라.

3. 뚜렷한 목표의식을 갖고 공부하자

– 공부를 할 때 자신은 이 과목에서 반드시 몇 점 이상 맞아야 할지 목표를 갖는다.

– 정해진 시간 안에 정해진 공부량을 끝마치도록 하자.

4. 구체적인 학습 계획을 세운다

– 계획 없는 공부는 시간 낭비요, 노력 낭비다. 시간을 지배하기 위해서는 구체적인 계획이 필요하다.

– 실천 가능한 계획으로 조금 여유 있게 계획을 세운다. 계획을 다 실천해 냈다는 성취감은 공부에 대한 의욕을 불어넣어 준다.

5. 잠자는 시간이 수능을 좌우한다

– 최상의 컨디션을 위해서 맑은 정신 상태를 가질 수 있도록 적당히 자라. 사람마다 조금씩 다르겠지만 6~7시간이 가장 적당하다.

– 숙면을 취하라. 이는 수면에 시너지 효과를 발휘한다.

6. 두뇌회전이 중요하다

– 환기를 자주 해서 뇌에 신선한 공기를 자주 공급하자.

– 적절한 휴식과 토막잠으로 뇌에 생기를 불어넣자.

– 밥은 항상 적당히 먹어 위에 부담을 줄이자. 이것도 머리에 부담을 덜어주는 방법이다.

☞ *에빙하우스 망각 곡선*
- 30분 후 50% 망각, 1시간 후 42% 망각, 1일 후 33% 망각

7. 공격적 학습 vs. 방어적 학습

- 공격적 학습 : 점수를 얻기 위한 적극적 학습(예습)
- 방어적 학습 : 아는 문제를 틀리지 않기 위한 신중한 학습(복습)
- 입시 준비에 공수(攻守)의 조화를 이루어야 한다.

8. 집중해서 입체적 학습을 하자

- 보통 학생 : 책상에 앉아 눈으로만 공부한다.
- 조금 잘하는 학생 : 눈으로 읽고, 연습장에 써가며 공부한다.
- 아주 잘하는 학생 : 머리로 생각하고, 눈으로 읽고, 입으로 읽고, 귀로 듣고, 손으로 쓰며 공부한다.

9. 학습시 나쁜 습관을 버리자

- 다리를 흔들며 공부하지 말자.
- 비스듬히 눕거나 엎드려서 공부하지 말자.
- 최고 1시간은 자리에 앉아 공부하도록 하자.

10. 공부에는 때와 장소가 없다

- 가장 공부하기 좋은 장소를 찾거나 만들어라.
- 가장 공부하기에 좋은 시간을 찾아라.
- 결심을 했으면 곧바로 행동으로 옮겨라.

☞ *수험생 2분 작전*
- 공부 시작 2분 전에 교과서와 공책을 꺼내 지난 시간에 학습한 내용을 약 1분 동안 훑어보고, 지금 학습할 내용을 약 1분 동안 살펴보고 수업에 임한다.
- 수업 시간에는 모든 정신을 집중해서 선생님의 설명을 듣고, 모르는 것은 선생님이나 친구에게 반드시 물어서 그 날 안에 반드시 내 것으로 만든다.
- 수업이 끝나면 약 2분 동안 그 시간에 학습한 내용을 쭉 훑어서 핵심 내용을 전부 정리한 다음 책을 덮는다.

Best Q&A
학생들에게 가장 많이 받았던 질문들

잠은 몇 시간씩 자야 되나요?

'사당오락(四當五落)'. 이 말은 "4시간 자면 합격하고 5시간 자면 떨어진다."는 것이다. 정말 그럴까? 이 질문이 많은 학생들이 가장 궁금해 하는 질문 중에 하나다. 나도 이 말을 믿고 고등학교 때 공부를 더 잘하기 위해 잠을 3시간으로 줄였던 적이 있었다. 하지만 잠을 줄인다는 것이 결국 집에서 독학하고 학교에 가서 졸기만 하게 되었다. 또한 육체적·정신적으로 많이 힘들어야 했다.

그래서 여러분에게 당부하고자 한다. "잠을 충분히 자라." 이 말은 "잠을 많이 자라."는 말과는 다르다. "잠을 충분히 자라."는 말은 자신에게 알맞은 정도의 시간을 찾아 가장 공부하기 좋을 만큼 자라는 것이다. 학년이 높아질수록 공부량이 많아지고 해야 될 것도 많겠지만 그렇다고 잠을 줄인다는 것은 어리석은 짓이다.

사람마다 다르겠지만 학생에게 가장 적당한 수면 시간은 6~7시간이라고 한다. 이보다 잠을 줄여서도 안 될 것이요, 이보다 잠을 더 자도 안 될 것이다.

우리는 가장 적당하게 잠을 자고 맑은 정신상태로 공부를 할 때 적은 시간이지만 최대의 공부 효과를 나타낼 수 있다. 이를 위해 무엇보다 우리는 정신 집중을 잘해야 하며 제대로 된 방법으로 공부를 해야 한다. 예를 들어 '수학 10문제 100문제 만들기'나 '노트 이용법'이 바로 이러한 것이다.

잠을 서너 시간 자면서 공부할 경우 당일 날 공부는 많이 할 수 있지만 수면 부족이 쌓이다 보면 다음날 학교에 가서 졸고 부족한 잠을 채우기 위해 자게 된다. 이런 행위는 결국 공부를 못 하게 되는 지름길이라 말하고 싶다. 어느 연구 결과에 따르면 '10

시간 동안 조는 상태에서 공부를 하는 것은 맑은 정신으로 1시간 공부한 것과 같다'는 발표가 있다. 잠자는 동안 당일 해놓은 중요한 학습이 뇌에 정리되고 기억된다고 한다. 그렇기 때문에 규칙적인 수면으로 맑은 정신을 유지하며 공부하는 것이 바람직한 방법이다.

자투리 시간은 어떻게 사용해야 되나요?

자투리 시간이란 어떤 일을 끝내고 남은 시간을 말한다. 거의 매일 우리는 여러 번 자투리 시간을 갖게 된다. 예를 들어 학교에서 쉬는 시간, 점심 시간, 한 장소에서 다른 장소로 움직이는 시간, 누군가를 기다리는 시간 등이 있다. 이런 시간들은 어떤 일을 할 만한 긴 시간이 아니지만 우리가 적절하고 유용하게 쓴다면 많은 도움을 받을 수 있다.

무엇보다는 우리는 자투리 시간에 대해 정확히 파악하고 그 시간에 무엇을 할 것인지 계획을 잘 세우는 게 중요하다. 일에 따라 자투리 시간도 달라지기 때문에 자투리 시간에 따라 하는 일도 달라야 할 것이다. 그렇기 위해서는 메모 하는 습관을 갖는 것이 좋다. 자신이 뭘 해야 할지 간략히 적어 남는 자투리 시간에 생각하고 일의 우선 순위를 정하도록 한다.

학교라면 쉬는 시간이나 점심 시간에 부족한 잠을 잘 수 있다. 이 때 자는 잠을 토막잠이라 한다. 토막 잠은 밥을 먹은 후나 운동을 하고 나서 피곤한 육체를 위해 잠깐 동안 자는 잠이지 집에서 서너 시간 자고 학교 와서 틈틈이 자는 잠이 아님을 명심해야 한다. 때에 따라서 다음 시간에 있을 수업에 대해 생각해 보는 것도 좋다. 전 시간에 배웠던 내용과 함께 다음 시간에 배울 내용에 대해 체크하면서 읽어보고 어떤 질문을 할 것인지 생각하는 것도 좋은 방법이다.

한 장소에서 다른 장소로 움직이거나 누군가를 기다리는 자투리 시간에 대해 생각해 보자. 이 때는 스트레스를 풀기 위해 음악을 듣는 것도 좋은 방법이다. 하루 종일 공부하면서 지친 정신적 피로를 풀기 위해 자기가 좋아하는 음악이나 클래식 음악을 듣는 것이 많은 도움이 된다. 만약 이 시간 동안에도 공부를 하고자 하는 학생이 있다면, 영어 듣기 공부를 해보자. 달리는 버스나 지하철에서 영어 단어를 외우거나 책을 보기에는 어려움이 있지만 듣기 공부는 별 불편 없이 할 수 있다.

개인적으로는 학생들에게 만화책이나 자기가 좋아하는 책을 읽으라고 권한다. 이는 짧은 시간 동안에 자연스럽게 집중력을 키울 수 있는 방법 중 하나이기 때문이다.

자투리 시간을 잘 활용하고 실천하기란 쉬운 일이 아니다. 하지만 이런 자투리 시간도 잘 이용하는 습관을 만든다면 "티끌 모아 태산"이라는 속담처럼 나중에 커다란 효과를 볼 수 있을 것이다.

슬럼프는 어떻게 극복해야 하나요?

슬럼프라 함은 심신이 일시적으로 방황하거나 부진한 상태를 말한다. 슬럼프는 어떤 일이 계속 실패하거나 일이 잘 풀리지 않았을 때 많이 발생한다. 슬럼프는 어느 누구에게나, 어느 때에나 다가올 수 있다. 특히 고3 학생들에게는 더 많이 일어날 수 있으며 슬럼프라는 것은 약으로 치유될 수 없는 자기만의 정신적인 문제이기 때문에 더욱 힘든 게 사실이다. 하지만 이런 슬럼프를 잘 극복해 나갈 때 우리는 더욱 정신적으로 성숙할 수 있으며 공부를 잘할 수 있게 된다.

슬럼프에서 벗어나기 위해서는 무엇보다 내가 무엇 때문에, 어떤 이유에서 슬럼프를 겪고 있는지 정확히 파악해야 한다. 그리고 그 이유와 문제점을 알았다면 여러 가지 방법으로 슬럼프로부터 빨리 벗어나야 한다.

이를 위해 정신적·육체적으로 휴식이 가장 필요하다. 공부를 하는 동안 많은 정신적 스트레스와 육체적 피로 때문에 쉽게 슬럼프가 올 수 있다. 때문에 하루쯤은 자신만을 위해 자기가 좋아하는 일을 할 수 있도록 한다. 음악을 듣거나 영화를 보거나, 가까운 야외로 나가 심신을 이완시키는 것도 좋은 방법이다. 내 경우엔 하루 종일 잠을 잔다. 잠을 자고 나면 육체적·정신적으로 이완이 되기 때문이다. 그리고 다른 사람과 대화를 통해 슬럼프를 극복하는 방법이 있다. 슬럼프를 극복한 다른 사람의 이야기를 듣거나 선생님이나 부모님 그리고 조언을 얻을 수 있는 다른 사람과 함께 자신의 슬럼프에 대해 함께 이야기 하고 문제를 풀어나가는 것 또한 좋은 방법이다.

하지만 그 전에 슬럼프라는 것에 빠지지 않도록 노력해야 할 것이다. 이렇게 하기 위해서는 규칙적으로 생활해야 한다. 자신의 하루 일과를 생각하고 정해진 시간과 계획에 따라 지켜나가는 것이 바람직하다. 빨리빨리 해내려는 조급한 마음보다 여유 있게 생각하고 뭐든지 할 수 있다는 마음가짐이 중요하다.

암기 과목은 어떻게 공부해야 하나요?

암기 과목은 말 그대로 이해보다는 암기를 해서 외우는 과목을 말한다. 물론 모든 암기에 있어 이해를 먼저 하는 것이 중요하다. 하지만 이해를 하기에는 벅찬 과목들이 많이 있고 많은 시간을 요구하기 때문에 힘든 게 사실이다. 그렇기 때문에 암기 과목을 어떻게 공부하느냐를 아는 것도 공부를 잘하고 시간을 절약할 수 있는 중요한 방법이다.

첫 번째로, 자신이 공부할 암기 과목에 대해 체계적으로 정리하는 게 필요하다. 나름대로 어떤 순서나 사건에 따라 배열하여 묶은 다음 외우면 훨씬 암기하기 편하고 쉽게 외울 수 있다. 만약 정리하기 힘들다면 자신이 공부할 책이나 참고서에 밑줄을 긋고 이니셜 기법을 써가며 중요한 것을 먼저 체크하도록 한다. 그리고 나서 핵심 내용을 먼저 확실히 암기하도록 한다. 시간이 남을 경우 내용을 보충하는 것도 좋지만 모든 내용을 암기하려는 태도는 버려야 한다.

두 번째로, 앞에서 언급한 초 암기법(스크린 기억법, 해마 기억법, 메모리 이펙트 등)을 이용해 암기하고자 하는 내용을 빠르게 외우고 반복해서 외우는 것이 효과적이다.

세 번째로, 쓰면서 외우는 방법이다. 어떤 사람은 영어 단어 하나를 외우더라도 20번 이상을 써야지 외워지는 사람이 있다. 물론 과학적으로도 쓰면서 암기하는 게 더 잘 외워진다고 한다. 하지만 무조건 쓰면서 외우다 보면 기계적으로 쓰기만 할 뿐 많은 시간과 노력을 낭비하는 경우가 발생한다. 그리고 모든지 외울 때는 써야 된다는 고정 관념도 생기게 되어 쓰지 않고 외우게 되면 불안감이 높아지게 된다.

쓰는 방법도 좋다. 하지만 무조건 쓴다는 생각보다 생각을 하면서 적당하게 써가면서 공부할 수 있도록 하자.

내가 생각하는 가장 이상적이 방법은 해마 기억법과 쓰는 것을 병행하는 방법이다. 일단 해마 기억법을 통해 눈으로 보면서 암기하는 것이다. 눈으로 암기를 하게 되면 빠른 시간 안에 많은 양을 보고 외울 수 있다. 하지만 사람이기 때문에 눈으로만 외운다면 짧은 시간 동안 많은 것을 잃을 수 있다. 그렇기 때문에 가능한 외웠던 것을 자주 복습하고 눈으로 외웠다면 반드시 쓰면서 외운 내용을 점검하도록 한다. 그렇게 되면 짧은 시간에 많은 내용을 효과적으로 외울 수 있다.

시험을 보고 나면 어떻게 해야 하나요?

많은 학생들이 시험을 싫어한다. 자신이 평가 되고 이런 평가를 토대로 자신의 위치가 숫자화되어 다른 사람과 비교되기 때문이다. 시험 때문에 학생들이 많은 스트레스를 받는다는 것 또한 사실이다. 그렇기 때문에 학생들은 시험이 끝나고 나면 긴장을 풀고 마음껏 놀게 된다. 물론 시험을 끝내고 취하는 적당한 휴식은 다음 일을 하기 위한 재충전의 기회가 될 수 있다. 하지만 고3 학생이라면 이 또한 대학 수학 능력 평가 시험이 끝난 다음으로 미루는 것이 좋다.

시험이 끝나면 적당한 휴식을 취하라. 나는 시험이 끝나고 나면 보고 싶었던 영화나 비디오를 봤다. 그리고 나서 잠을 잤다. 정신적으로, 육체적으로 피곤했던 감도 없지 않아 있지만 나에게 있어서는 잠만큼 좋은 휴식이 없었다. 자기에게 가장 좋은 휴식을 알고 취하도록 하자. 그렇다고 해서 무리하게 운동을 하거나 학생이 하면 안 될 일을 하라는 것은 아니다. 건전하고 정신적 · 육체적으로 이완시킬 수 있는 휴식을 취하도록 하자.

휴식이 끝났다면 다시 공부하는 학생으로 돌아가야 할 것이다. 우리가 가야 할 길은 아직 많이 남았다. 고3 학생이라면 이제 조금 남은 상황을 잘 극복하여 유종의 미를 거둘 수 있도록 최선을 다해야 한다. 일단 적당한 긴장감을 유지하도록 하며 시험 봤던 내용을 분석하도록 한다. 우리가 틀린 문제에 대해 분석을 하는 이유는 보다 더 강해지고 완벽해져 마지막 대학 수학 능력 평가 시험을 잘 보는데 의의가 있다. "마지막에 웃는 자가 최후의 승자"라는 말이 있다. 그렇기 때문에 한 번 보는 시험인 대학 수학 능력 평가를 위해 최선을 다하도록 하자.

　시험에 대해 분석이 끝났다면 부족한 부분을 다시 공부하도록 하자. 왜, 무엇 때문에 틀렸는지를 정확히 알고 문제점을 찾아 원인을 해결할 수 있도록 한다.
　부족한 부분을 공부했다면 이를 정리할 필요가 있다. 우리는 사람이기 때문에 계속 기억을 해야 하고 실수하지 말란 법이 없기 때문이다. 틀린 문제는 다음에 또 틀리거나 실수를 하게 되어 있다. 그렇기 때문에 그런 실수를 하지 않고 정확한 문제 해결을 위해 정리하는 습관을 만들도록 하자.

학교에서 어떻게 생활하고 공부해야 하나요?

　많은 학생들이 학교에서 어떻게 생활하고 공부해야 될지 몰라 시간을 낭비하는 경우가 있다. 우리가 하루 생활에서 가장 많은 시간을 보내는 곳이 학교이다. 그렇기 때문에 어떻게 학교 생활을 하고 공부하느냐가 성적에 많은 영향을 미치게 된다.

　일단 학교에 가서 졸면 안 된다. 앞에서 언급했듯이 학교에서 졸지 않으려면 집에서 충분한 수면을 취하도록 해야 한다. 내 경험에 따르면 고등학교 1년여 시간을 집에서 서너 시간만 자고 학교에 다닌 결과 집에서 독학을 하게 되었고 점점 더 학교 생활이 힘들어졌다. 친구들과 잘 어울리지 못하고 수업 시간에 자다가 걸려 꾸중을 많이 들었기 때문이다. 그렇기 때문에 학교에 가서는 항상 맑은 정신으로 모든 수업 시간에 배운 내용을 완벽히 이해한다는 생각을 가져야 한다. 자신이 10시간 공부하는 것보다 수업 한 시간을 잘 듣는 것이 효율적인 공부 방법이다.
　어떤 사람은 수업 시간에 노트 필기를 하지 말라고도 한다. 물론 수업 시간에 노트 필기 때문에 수업을 이해하고 따라가는데 방해가 된다면 오히려 안 한 것만 못 할 것이다. 하지만 노트 필기를 잘하며 수업을 이해하고 따라가는 것도 요령이다. 선생님이 칠판에 써준 것을 토씨 하나 틀리지 않고 적는 것은 노트 필기가 아니다. 때에 따라 선생님이 써준 것을 다 적어야 할 때도 있지만 일단 선생님의 설명과 함께 칠판에 써준 것을 이해하고 나름대로 노트 필기를 하는 것이 좋다. 선생님의 설명과 판서에서 핵심을 찾아 책에 표시를 하거나 자기만의 언어로 요약하는 것이 중요하다.

어떤 학생은 수업 시간에 간혹 딴짓을 하는 경우가 있다. 예를 들어 음악 시간에 영어 단어를 외우거나 수학 문제를 푸는 학생이 있다. 나도 이러한 학생처럼 수업 시간에 딴짓을 한 적이 있었다. 하지만 결국 독학을 한 것과 같게 되었고 더 많은 시간과 노력을 투자해야 했다. 이는 분명 어리석은 짓이다. 수업 시간에는 그 수업에 해당되는 과목에 집중할 줄 알아야 한다. 수업에 집중하기 위해 비판적 사고로 수업을 들어야 하며 자기에게 어떤 도움을 줄 수 있을 것인지 생각하는 것이 중요하다.

계획대로 안 될 때는 어떻게 해야 하나요?

이런 질문을 하기 이전에 우리는 계획이라는 것을 잘 지킬 수 있도록 실천 가능한 계획을 세워야 할 것이다.

우등생 십계명에서 계획이란 무엇이며 어떻게 세워야 되는지 생각해 보았다. 하지만 아무리 잘된 계획도 실천하지 못하고 넘어가는 경우가 생긴다. 자신이 세운 계획을 실천하게 될 때 만족감이 생기는 반면 세운 계획을 지키지 못했을 때는 자책감을 느끼기 마련이다. 그렇기 때문에 계획을 잘 세워 실천하는 것도 중요하지만 지키지 못한 계획에 대해서는 어떻게 해야 하는지 알아보자.

많은 학생들이 계획을 세울 때 장기 계획과 단기 계획을 세울 것이다. 장기 계획은 1년, 한 학기 그리고 월마다 세우는 것을 말하며 단기 계획은 일 주일, 하루, 시간 단위로 짜는 계획을 말한다. 내 경우는 월 계획을 먼저 세우고 단기 계획을 구체적으로 세운다. 이 때는 반드시 공휴일이나 주말에는 가급적 시간적 여유를 남겨두라고 말하고 싶다.

계획을 실천하다 보면 갑작스런 일로 인해 실천하지 못한 경우가 생기기 마련이다. 그러므로 공휴일이나 주말을 이용해 실천하지 못한 계획을 할 수 있도록 해야 한다.

또한 '우선 순위 계획'을 이용하는 것이다. 내 경우, 모든 일과를 시작하기 전에 조그만 수첩에 하고자 하는 일과 공부를 적는다. 하지만 적고 나면 도저히 실천할 수 없는 계획이 세워진다. 그래서 하고자 하는 일과 공부에 우선 순위를 정한다. 우리는 모든 계획을 100% 실천할 필요는 없다. 하지만 정말 중요한 일과 공부라면 무엇보다 먼저 할 수 있도록 해야 할 것이다. 따라서 우선 순위 계획을 세워 실천하다 보면 100% 실천은 하지 못했지만 나름대로 만족감을 느낄 수 있을 것이다.

'이럴 때도 있고 저럴 때도 있지' 라는 긍정적 사고 방식을 갖도록 한다. 이 말은 서울대 법대에 다니는 친구가 예전에 나에게 해준 말이다. 서울대 법대에서 공부를 하면서 몸소 얻은 결론이라는 것이다. 할 공부가 너무 많다는 걱정을 하다 보면 앞으로 해야 할 일도 못 하고 결국 슬럼프에 빠지게 된다는 것이다. 그래서 비록 세운 계획대로 다 하지 못하더라도 '이럴 때도 있고 저럴 때도 있다' 는 긍정적 사고를 가지고 생각하다 보면 슬럼프에 빠지지 않게 된다는 것이다. 물론 매번 이렇게 해서는 안 된다. 하지만 실천하지 못한 계획을 걱정하는 것보다 반성을 토대로 다음부터 더 잘할 수 있도록 생각하는 것이 중요하다.

내 경우에는 실천하지 못한 계획은 깨끗이 포기한다. 일단 우선 순위 계획에 따라 실천하기 때문에 가장 중요한 일과 공부는 할 수 있게 된다. 그리고 공휴일과 주말을 이용해 실천하지 못했던 계획을 할 수 있게 된다. 그렇지만 '이럴 때도 있고 저럴 때도 있다' 라는 긍정적 사고로 생각하고 다음 계획을 보다 잘 실천하기 위해 계획을 수정하거나 방안을 세운다. 그렇기 때문에 계획대로 다하지 못해서 슬럼프에 빠지거나 스트레스를 받지 않고 항상 모든 일에 여유를 가질 수 있게 되었다. 이러한 보이지 않는 여유는 아이러니컬하게도 세운 계획을 다 실천할 수 있는 원동력이 되었다.

선배들, 이렇게 공부했다

'고3 수능 작전,

　사람마다 성격이 다르고 살아온 방식이 다르기 때문에 각자가 공부하는 방법은 다를 수 있다. 다만, 이 글을 통해 우리가 공부한 방법을 공개함으로써 조금이나마 후배들에게 도움이 되었으면 하는 마음으로 글을 쓴다.

　수능은 우리 인생에 있어서 가장 중요한 첫 번째 관문이기 때문에 모두들 끝까지 포기하지 말고 수능이라는 산을 정복할 수 있도록 하자.

　수능 시험에 실력도 많이 요구되지만 요령과 기술도 중요하다는 점을 깨닫기 바란다.

　각 과목별 공부 방법을 얘기하기 전에 먼저 알아두어야 할 것이 있다.

　수능 과목은 크게 다섯 가지 영역으로 나뉜다.

　언어와 외국어 영역은 어학이므로 문제를 푸는 감각이 중요하며, 수리 · 과학 · 사회 영역은 탐구영역이므로 학문을 탐구하는 자세로 보다 깊이 있게 이해하며 분석하고 외우는 것이 중요하다.

비록 시간은 얼마 남지 않았지만 지금부터라도 늦지 않았다는 것을 항상 염두에 두자. 침착한 자세로 끝까지 마무리를 잘한다면 10~20점은 올릴 수 있다는 마음가짐이 필요하다. 공부를 하면서 틀렸던 문제에 대해 오답 노트를 만들었던 사람은 오답 노트를 꼼꼼히 다시 살펴보는 것이 좋다. 노트를 만들지 않은 사람이라면 이제부터 정리하는 것은 시간 소모가 많으므로 풀어 왔던 문제집을 통해 자신이 틀렸던 문제 위주로 복습하는 것이 좋다.

1. 일 주일 계획을 세워서 공부하는 것이 효율적이다

월요일과 화요일에는 모의고사 1/2씩 한 회분을 풀어 오답을 정리하고, 수요일에는 교과서 내용 공부를 한다. 그리고 목요일과 금요일에는 모의고사 1/2씩 다시 한 회분을 풀어 오답을 정리하고 토요일에 교과서 내용 공부를 한다. 마지막 일요일에는 틀린 문제에 대해 분석을 하고 교과서나 참고서를 찾아 복습한다.

2. 교과서 내용 공부를 하자

그 동안 수능에 기출되었던 표를 보고 교과서에서 삭제해 나가다 보면 아직 출제되지 않았던 단원이 있음을 알 수 있다. 교육부에서는 고등학교 수업 정상화를 위해서라도 반드시 교과서에서 한두 지문은 꼭 출제하게 된다. 이렇게 생각할 때 출제되지 않은 부분에서 출제될 확률이 높으므로 먼저 자세히 살펴보는 것이 올바르게 교과서를 공부하는 비결이다.

3. 자신이 약한 부분을 중점적으로 공부하라

언어영역은 크게 현대문학, 고전문학, 비문학, 언어학으로 나누어서 공부하는 것이 좋다. 먼저, 현대문학과 고전문학에서 출제되는 문제는 난이도가 높기 때문에 교과과정에 나온 내용을 깊이 있게 공부해야 한다. 우리가 어렵게 생각하는 고전문학은 의외로 단어의 뜻과 해석만 정확하게 하면 쉽게 풀 수 있는 경우가 많다.

비문학은 특별한 공부를 하기가 어려우므로 신문 사설을 꾸준히 읽으며 나름대로 좋아하는 책을 조금씩이라도 읽는 습관을 갖는 것이 좋다.

　　언어학은 교과서나 자습서를 거의 암기하다시피 해야 한다. 이 부분에서 문제가 출제된다면 난이도가 높기 때문에 충분히 공부해야 한다.

4. 모의고사는 이렇게 공부하자

　　모의고사를 보는 목적은 문제를 해결하는 감각을 잃지 않도록 하는 데 있다. 항상 문제를 풀 때 시계를 옆에 두고 시간을 정확히 재며 실제 시험과 같은 조건에서 풀어야 한다. 이러한 방법을 통해 긴장감을 높여 지루해질 수 있는 장시간의 공부기간 동안 슬럼프에 빠지지 않게 된다. 또한 실전 같은 연습으로 실수를 미연에 방지할 수 있다. 수능 시험이 다가올수록 내용 위주로 정리하게 되는데, 이는 시험 볼 때 문제 해결 감각을 잃기 쉬우므로 적당한 문제를 풀어가며 정리를 하도록 해야 한다.

대전대학교 한의예과 최태일

1. 100일~50일까지는 이렇게 공부하라

50일 동안은 모의고사나 문제집을 통해서 자신이 틀렸던 문제 위주로 공부하는 것이 바람직하다. 이 때는 반드시 많이 틀리거나 자신이 약한 단원을 중심으로 공부해야 짧은 시간 안에 실력이 향상된다. 모르는 부분을 보완해 나감으로써 자신감을 얻게 되고 실수를 줄일 수 있게 된다. 많은 문제를 풀기보다는 단 한 문제라도 정확히 푸는 습관을 만들어야 한다. 예를 들어 스타 크래프트에서 무모한 확장은 패배를 부른다. 다시 말해서 지나치게 많은 곳에 일을 벌이게 되면 한 가지도 제대로 하지 못한 것과 같다는 말이기 때문에 하나라도 확실하게 마무리하도록 하자.

2. 50일~1일까지는 이렇게 공부하라

남은 50일은 모의고사를 통해서 문제 해결을 위한 감각을 유지하는 것이 좋다. 너무 많은 문제를 풀기보다 자신에게 알맞은 양(모의고사 1회나 1/2 정도)을 수능 전날까지 풀어서 감각을 유지하는 것이 중요하다. 실력이 어느 정도 쌓이면 공부를 하지 않아도 좋은 성적이 나오게 된다. 이 때부터는 감각을 유지하며 실수를 줄이는 것이 바람직하다. 또한 수능에서는 이미 문제 유형이라는 것이 정해져 있기 때문에 정의나 공식의 정확한 이해와 쓰임을 알 수 있도록 공부하자.

3. 수학을 포기하려는 학생들에게

나도 한때 수학이란 과목을 포기하려 했었다. 모의고사는 거의 30점 대를 맴돌곤 했지만 결국 포기하지 않고 공부했기에 마지막 수능에서는 만점을 맞을 수 있게 되었다. 방법은 수학을 암기하는 것이다. 물론 수학은 이해를 토대로 문제를 풀어야 하지만 수학에 정말 자신이 없는 학생에게는 이 방법을 권한다. 내 경우, 수능 시험을 준비하면서 모의고사 문제집 7권을 전부 외웠다. 답을 보고 알 수 있는 정도면 답을 외우고 답을 보고도 알 수 없다면 기본 참고서를 통해 공부하도록 한다. 어느 정도 암기를 하다 보면 문제 유형이 보이게 되고 문제 푸는 방식을 알 수 있게 된다. 바람직한 방법은 아니지만 시간은 없고 수학을 포기하려는 학생들에게 권하는 방법이다. 수학도 암기하라.

조선대학교 의학과 박세령

* 사회탐구영역

많은 학생들이 사회탐구영역은 암기 과목이라 생각하지만 암기도 이해를 바탕으로 암기해야 고득점이 나오게 된다. 모든 교과서와 문제집을 외우기보다 어떤 것이 중요한 지를 알고 내용을 공부하는 것이 좋다. 수능은 암기력 테스트가 아니다. 즉 문제를 푸는 데 알고 있는 내용을 얼마나 정확히 잘 이해했는가 이다. 또한 출제자의 의도를 파악하고 함정에 빠지지 않고 정답을 찾아내야 한다.

1. 일 주일 단위로 공부하자

월요일과 화요일에는 모의고사를 풀고 오답 정리를 하며, 수요일에는 교과서나 참고서를 중심으로 내용 공부를 한다. 목요일과 금요일에는 모의고사를 다시 풀고 오답을 정리하며, 토요일에는 교과서나 참고서의 내용 공부를 한다. 마지막 일요일에는 자신이 없는 한 과목을 골라 집중적으로 공부할 수 있도록 한다.

수요일과 토요일에 내용 공부를 할 때는 틀린 부분을 위주로 확실히 공부를 해야 한다. 일요일에는 자신이 없는 한 과목만을 선택하여 교과서를 꼼꼼히 읽고 내용을 이해하도록 해야 한다. 많은 사람들이 참고서를 보지만 이는 요약적인 형태로만 구성되어 있기 때문에 전체적인 흐름을 이해하기는 어렵다. 따라서 교과서를 중심으로 공부하도록 하자.

2. 마지막 30일을 남겨 두고 이렇게 공부하자

이 때부터는 내용을 많이 알려고 하기보다 새로운 문제에 대처하는 문제 해결 능력을 유지하고 키우는 것이 중요하다. 적당한 양의 교과서 내용을 꾸준히 읽고 문제를 풀어봄으로써 감각과 문제 해결 능력을 유지하도록 하자.

동신대학교 한의학과 추민규

* 과학탐구영역

　사회탐구영역과 비슷한 방법으로 공부하면 된다. 일 주일 계획을 세워 문제를 풀고 오답을 정리하며 내용을 복습하는 것이다. 다만, 다른 점은 오답을 정리하고 공부할 때 내용이 자세히 설명되어 있는 참고서를 골라 공부한다.

　과학탐구영역은 사회탐구영역과 달리 관찰, 의문, 가설 세우기, 실험 과정 그리고 실험시 주의해야 할 점, 실험 후 결과를 표와 그래프로 나타내기, 표와 그래프 분석하기, 재가설 세우기 등이 주요 내용이다. 또한 조작 변인을 찾는 것이 중요하다. 이는 조작 변인을 통해 실험에서 요구하는 바를 찾는 데 목적이 있기 때문이다. 과학탐구를 공부할 때, 실험에서 무엇을 묻는 것인지 정확히 알아야 한다. 또한 묻는 문제가 설명, 유추, 분석인지 신경 써서 읽어야 한다. 설명인 문제는 일반적인 것이 답이 되기 쉬우며, 분석은 자신이 알고 있는 지식을 이용해 정확한 숫자나 문장을 찾도록 하자.

연세대학교 치의학과 문창권

* 외국어영역

1. 듣기 평가

수능 100일 전부터는 반드시 EBS 라디오 방송 듣기를 이용하여 날마다 점검하기를 바란다. 많은 학생들이 수능 시험 날짜가 다가올수록 듣기 부분을 소홀히 하는데 이는 잘못된 생각이다. 매일 꾸준하게 듣기를 함으로써 감각을 유지할 수 있으며 실수하는 일이 없게 된다.

2. 읽기

시간을 측정하며 모의고사를 매일 정해진 분량을 풀 수 있도록 한다. 만약 어느 정도 독해가 되는 학생은 필요 이상으로 많은 시간과 노력을 낭비하지 않아도 된다. 다만, 틀린 문제에 대해서는 연구 · 분석을 통해 정확히 확인하는 자세를 가져야 한다. 자신이 자주 틀리는 문제가 있다면 그런 유형의 문제를 찾아 여러 문제집을 풀어보도록 한다. 한 문제씩 정확히 해석을 하면서 공부하는 것이 고득점의 비결이다.

3. 문법

지금까지 출제되었던 문법 부분만을 따로 정리해서 공부할 필요가 있다. 적은 문제지만 놓치는 일이 없도록 하자.

외국어를 잘하는 방법은 문제를 많이 풀어보면서 문제 유형에 대한 해결 능력을 기르는 것이다. 그리고 매일 1회 정도의 모의고사 듣기 평가를 꾸준히 하는 것이라 생각한다. 내 경우 남들이 보았을 때 전략 없는 공부처럼 보이지만 꾸준히 공부한 결과 수능에서는 외국어영역에서 만점을 맞게 되었다.

마지막으로 수능을 준비하는 학생에게 부탁하고 싶은 말은 끝까지 최선을 다하자는 것이다. 자신에게 최선을 다하여 후회 없이 시험을 봤다고 생각되어야 할 것이다. 노력하는 사람을 이길 사람은 없다. 수능 전까지 최상의 컨디션을 유지하여 시험을 잘 볼 수 있도록 해야 할 것이다. 인생에서 가장 중요한 고3을 멋지게 마무리하여 유종의 미를 거두길 바란다.

경찰대학교 행정학과 문희

새로운 꿈과 목표를 위해…

먼저 이 글을 읽어주신 많은 분들께 감사하다는 말씀을 드리고 싶습니다. 제 글을 읽고 비판하시는 분도 계실 것이고 잘 썼다고 칭찬하시는 분도 계실 것입니다. 보는 관점에 따라 제가 쓴 책이 다르게 보일 것입니다. 제가 남보다 잘하는 것은 없습니다. 하지만 머나먼 미국 땅에서 남들보다 더 노력했고, 더 열심히 생활했다고 자신 있게 말할 수 있습니다. 그리고 무엇보다 이 책을 쓰게 된 것을 20대에 한번쯤 해볼 수 있는 도전이라고 생각해 주십시오.

이 책은 제가 지금까지 공부하면서 겪은 많은 실패와 경험을 토대로 어떻게 하면 공부를 잘할 수 있는지에 대해 적은 글입니다. 모든 공부 방법은 절대적인 것이 아니라 상대적인 것입니다. 무조건 답습을 하는 것보다 스스로가 능동적 자세로 필요한 것만 받아들여 자기 것으로 만드십시오. 그리고 더 좋은 자기만의 공부 방법을 찾도록 노력하십시오.

제가 쓴 책을 읽고 공부를 잘하고 싶은 학생들에게 많은 힘과 격려가 되었으면 좋겠습니다. 공부를 열심히 하려는 학생에게 보다 효과적인 공부 방법으로 자신이 노력한 것보다 더 좋은 결과가 나왔으면 합니다. 제가 쓴 책을 읽고 단 한 명이라도 변화가 생겨 공부를 잘할 수 있다면 제가 책을 쓴 것에 대히 감사하게 생각할 것입니다.

지난 시절 공부를 열심히 했지만 학습 방법에 문제가 있었기에 많은 실패를 경험해야 했습니다. 결국 공부를 잘한다는 것은 열심히 한다는 기본 전제 아래 얼마나 좋은 학습 방법으로 자신과의 싸움에서 이기느냐 입니다. 학습 태도와 공부하는 방법, 자신과의 싸움에서 승리라는 삼박자가 맞을 때 비로소 우등생이 될 수 있는 것입니다. 아울러 학부모님과 학생, 선생님이 한 뜻으로 협력해야 공부를 잘할 수 있게 되는 것입니다.

실패를 두려워하지 말고 일단 먼저 시작하십시오. 가장 현명한 사람은 자신이 한 실수와 실패를 바탕으로 앞으로의 일을 더 잘해내는 사람입니다. 똑똑한 사람은 성공만을 좋아하지만 현명한 사람은 실수와 실패도 겸허히 받아들이는 사람입니다. 여러분은 똑똑한 사람보다는 현명한 사람이 되도록 하십시오.

미국에 온 지 만 2년 동안 나름대로 세운 계획을 잘 실천해 나가고 있습니다. 많이 힘들었지만 꿋꿋이 잘 실천해 낼 수 있었기에 어느 누구보다 더 잘해 낼 수 있었습니다. 그리고 제가 그 동안 꿈꿔왔던 것들이 하나씩 이루어지고 있습니다.

처음 시애틀에 와서 ESL부터 시작해서 Community College 그리고 University of Washington, Seattle과 University of California, Irvine에 3학

년으로 편입했습니다.

하지만 이제 새로운 환경에 다시 도전을 하고 싶기에 시애틀이 아닌 University of California, Irvine으로 가보고자 합니다.

새로운 환경이기에 많이 힘들 것이라 생각되며, 걱정이 먼저 앞섭니다. 하지만 전 새로운 분야와 환경에 도전하는 프로가 되고 싶습니다. 현실에 안주하지 않고 어려움이 닥치더라도 지혜롭게 잘 이겨나가는 현명한 사람이 되고 싶습니다. 앞으로 많이 힘들겠지만 두려워하지 않고 저의 또 다른 꿈들을 이루고자 노력하겠습니다.

여러분도 자신을 믿고 잘할 수 있을 것이라는 자신감을 가지십시오. 그리고 모든 일과 공부에 긍정적인 사고 방식을 가지고 생활하십시오. 매일 같이 자신의 꿈을 그리며 사십시오. 그러면 마침내 여러분의 꿈이 하나씩 이루어질 것입니다.

마지막으로 이 책을 쓰는 데 도움을 주신 많은 분들께 이 자리를 빌어 감사의 말씀을 드리고 싶습니다. 어느 누구보다 저에게 따뜻한 사랑과 격려를 해주신 부모님과 가족에게 감사드립니다. 그리고 절 항상 생각해 주었던 하늘 나라에 있는 작은 누나 이은영에게 이 책을 바칩니다.

제가 힘들 때마다 "넌 잘 해낼 수 있어."라고 용기를 북돋아 주

신 윤연수, 박권배, 장홍, Dr. Yabui, Dr. Bloomsburg,
Dr. Polinger 등 은사님께 감사드립니다. 멀리 떨어져 있
지만 항상 옆에 있는 것처럼 응원해 준 베스트 프랜드 조
상우, 김은경, 태일 패밀리, 이지현, Tracy, Tuyen, Mark
등 많은 한국과 미국 친구들한테 감사드립니다. 또한 지금
까지 제 자신밖에 몰랐던 이기적인 저를 사랑으로 감싸주
신 하나님께 감사드립니다. 그리고 그런 하나님의 사랑을
실천으로 옮겨주신 버클랜드 교회 가족 여러분께도 감사
드립니다. 미국에서 제가 책을 쓸 수 있게 용기를 북돋아 주
시고 격려해 주신 학부모님께도 감사드립니다. 잘 가르치
지는 못했지만 절 믿고 열심히 배운 학생들(Casey, Janis,
Kevin, Elise, Connie, Annie, Steve, Laura, Cathy, Crystal,
Cathen, Ewan, Gena, John, Sam, Brown etc.)에게도 감
사드립니다.

2003년 7월 어느 여름날

이은승 올림

Dear Admissions Board :

I highly recommend Eun-Seung Lee for admission into your University. Eun-Seung is an outstanding student for a number of reasons. He is not only dedicated and bright but also innovative and eager to accept challenges. From the age of 21, he has traveled to many different countries, earning his way and mingling with the people of each country. His English is excellent, and he can adapt easily to different cultures and situations. At Bellevue Community College, he has volunteered to tutor in our Math Lab, and this has enabled him to have to use his English skills to explain difficult Math concepts to a wide variety of students.

Eun-Seung is a hard-working 'A' student in my English Writing Class; in fact, I used Eun-Seung's in class essay exam as a good example model for the entire class on how to write a well developed essay under pressure. Eun-Seung participates will in class and works well with all of the other students. He has won both academic awards and scholarships. He has clearly researched and set goals for himself in a career in Computer Science. Eun-Seung is an exceptional young man who would be a real asset in any field that he decides to pursue. I recommend him without reservations for admission into your University in Computer Science.

Yours truly,

Pauline Christiansen
English Dept. B.C.C.
Professor

…… 그는 헌신적이고 현명할 뿐만 아니라 어떤 상황도 받아들이는 혁신적 성격과 열정을 가지고 있습니다. …… 그는 뛰어난 영어 실력을 가지고 있으며 어떤 문화와 상황에도 쉽게 적응할 수 있는 학생입니다.

…… 이은승은 내 영어 작문 수업에서 열심히 공부한 우수한 학생입니다. 사실, 저는 수업시간에 그가 쓴 에세이를 예제로 사용했습니다. …… 그는 컴퓨터 사이언스에서 그가 달성하고자 하는 목표를 가지고 공부할 것입니다. 이은승은 자신이 추구하고자 하는 어떤 분야든 이룰 수 있는 뛰어나고 패기가 넘치는 학생입니다.

Dear Sir or Madam :

I'm pleased to provide this letter of recommendation for Eun-Seung Lee.

I direct the Mathematics Laboratory (Math Lab) at Bellevue Community College. The Math Lab provides one-on-one, drop-in tutorial assistance to students enrolled in math courses offered by the B.C.C Mathematics Department. The Math Lab serves students regardless of their mathematical ability or skill level. Thus the Math Lab serves a wide variety of students in classes ranging from Algebra through Differential Equations. The Math Lab is a popular student support program which logs approximately 10,000~12,000 student visits per year, averaging around 100 visits per day.

Eun-Seung works with me as a Math T.A (Teaching Assistant) in the Math Lab. He began working as a Math T.A in this capacity each quarter since 2001. Eun-Seung is one of the Math Lab's best tutors, as well as a reliable and pleasant student. His exceptional mathematical skills allow him to provide quality assistance to students using the Math Lab. His people and communication skills make him a popular tutor. Eun-Seung's willingness has been a great help to the Math Lab.

Eun-Seung is an outstanding student, as one can see from the high academic standing, he has attained while here at Bellevue Community

College. As a member of the B.C.C. Math League, Eun-Seung also participates in the AMATYC Mathematics Competition, in which he has done exceedingly well. His talent for learning and teaching, as well as his positive personality, will take him far. I recommend him highly and hope you will approve his application for admission to your university.

Sincerely,

Rose L. Pugh
Mathematics Laboratory Director

…… 이은승은 우수한 성적을 거둔 뛰어난 학생입니다. 학교 수학 리그의 멤버로서, 그는 AMATYC 수학 경시 대회에 나가 훌륭한 성적을 거두었습니다.
긍정적 사고 방식을 가진 학생으로서 배우고 가르치는 것에 대한 훌륭한 수학적 재능은 그를 발전시킬 것입니다…….

Dear Sir/Madam

I am pleased to write this letter of recommendation for Eun-Seung Lee. He was my student in calculus-based engineering physics class at Bellevue Community College. Eun-Seung is a hard-working 'A' student highly motivated to excel in his studies and future career. His total GPA is very high ; close to 4.0. His responsibility for studies and his influence upon other students is very stimulating. Eun-Seung is deliberate in his plans and well organized in realization of the plans. He knows what he is doing perfectly well. He has a good attitude and empathy, he is well organized, and in control. All these important characteristics of Eun-Seung result from his hard work well known on the campus. His classmates make positive comments about him, and they are attracted by his pleasant personality. Eun-Seung Lee gets along very well with all his classmates and impresses his teachers. He is sensitive to the feelings of other students and sets a good example to the rest of the class. I think that Eun-Seung Lee satisfies all the corresponding requirements and undoubtedly merits to receive the admission he applies for. You will not make a mistake if you will accept Eun-Seung's application and grant him the scholarship.

Sincerely

Victor Polinger, Ph.D.

Professor

…… 이은승은 자신이 세운 계획에 따라 신중하게 행동할 줄 알며 계획을 잘 실천할 수 있는 학생입니다. 그는 자신이 하는 일에 있어서 무엇을 해야 하는지 정확하게 알고 있습니다. 이은승은 좋은 학업 자세와 열정으로 수업에 임하고 자신을 컨트롤할 줄 알며 정리를 잘하는 학생입니다. 이은승의 이러한 중요한 자질들은 학교에서 우수한 학생이 되는 원동력이 되었습니다.

가림출판사 · 가림M&B · 가림Let's에서 나온 책들

문 학

바늘구멍
켄 폴리트 지음 / 홍영의 옮김 / 신국판 / 342쪽 / 5,300원

레베카의 열쇠
켄 폴리트 지음 / 손연숙 옮김 / 신국판 / 492쪽 / 6,800원

암병선
니시무라 쥬코 지음 / 홍영의 옮김 / 신국판 / 300쪽 / 4,800원

첫키스한 얘기 말해도 될까
김정미 외 7명 지음 / 신국판 / 228쪽 / 4,000원

사미인곡 上 · 中 · 下
김충호 지음 / 신국판 / 각 권 5,000원

이내의 끝자리
박수완 스님 지음 / 국판변형 / 132쪽 / 3,000원

너는 왜 나에게 다가서야 했는지
김충호 지음 / 국판변형 / 124쪽 / 3,000원

세계의 명언
편집부 엮음

위인이나 유명인들의 글, 연설문 혹은 각 나라에서 전해져 오는 속담을 통하여 지난날을 되새겨보는 백과전서로서, 오늘을 반성하는 교과서로서, 그리고 미래를 설계하는 참고서로서 역할을 해줄 것이다.

신국판 / 322쪽 / 5,000원

여자가 알아야 할 101가지 지혜
제인 아서 엮음 / 지창국 옮김

남녀가 함께 살면서 경험으로 터득한 의미심장하면서도 재미있는 조언들을 발췌한 내용으로 독신의 삶을 청산하려는 이들이 알아야 할 유용하고 상상력 풍부한 힌트로 가득찬 감동의 메시지이다. 4 · 6판 / 132쪽 / 5,000원

현명한 사람이 읽는 지혜로운 이야기
이정민 엮음 / 신국판 / 236쪽 / 6,500원

성공적인 표정이 당신을 바꾼다
마츠오 도오루 지음 / 홍영의 옮김 / 신국판 / 240쪽 / 7,500원

태양의 법
오오카와 류우호오 지음 / 민병수 옮김

불법 진리 사상의 윤곽과 그 목적 · 사명을 명백히 함으로써 한사람 한사람의 인간이 깨달음을 추구하고 영적으로 깨우치기 위한 명확한 방향을 제시하였다. 신국판 / 246쪽 / 8,500원

영원의 법
오오카와 류우호오 지음 / 민병수 옮김

일찍이 설해졌던 적도 없고 앞으로도 설해지지 않을 구원의 진리를 한 권의 책에 이론적 형태로 응축한 기본 삼법의 완결편. 신국판 / 240쪽 / 8,000원

석가의 본심
오오카와 류우호오 지음 / 민병수 옮김

석가모니의 사고방식을 현대인들에 맞게 써 현대인들이 친근하게 석가모니에게 다가설 수 있게 한 불교 가이드서. 신국판 / 246쪽 / 10,000원

옛 사람들의 재치와 웃음
강형중 · 김경익 편저

옛 사람들의 재치와 해학을 통해 한문의 묘미를 터득하고 한자를 재미있게 배우며 유머감각까지 높일 수 있는 일석삼조의 효과 만점.

신국판 / 316쪽 / 8,000원

지혜의 쉼터
쇼펜하우어 지음 / 김충호 엮음 / 4 · 6판 양장본 / 160쪽 / 4,300원

헤세가 너에게
헤르만 헤세 지음 / 홍영의 엮음 / 4 · 6판 양장본 / 144쪽 / 4,500원

사랑보다 소중한 삶의 의미
크리슈나무르티 지음 / 최윤영 엮음 / 신국판 / 180쪽 / 4,000원

장자-어찌하여 알 속에 털이 있다 하는가
홍영의 엮음/ 4 · 6판 / 180쪽 / 4,000원

논어-배우고 때로 익히면 즐겁지 아니한가
신도회 엮음 / 4 · 6판 / 180쪽 / 4,000원

맹자-가까이 있는데 어찌 먼 데서 구하려 하는가
홍영의 엮음

반성과 자책을 통해 잃어버린 양심을 수습하고 선으로 복귀할 것을 천명하는 맹자 사상의 집대성!! 4 · 6판 / 180쪽 / 4,000원

아름다운 세상을 만드는 사랑의 메시지 365
DuMont monte Verlag 엮음 / 정성호 옮김

독일에서 출간 이후 1백만 권 이상 판매된 베스트셀러. 특별히 소중한 사람을 행복하게 만드는 독창적인 사랑고백법 365가지를 수록한 마음이 따뜻해지는 책. 4 · 6판 변형 양장본 / 240쪽 / 8,000원

황금의 법
오오카와 류우호오 지음 / 민병수 옮김

불법진리의 연구 및 공부를 통하여 종교적 깨달음의 깊이를 더해 주는 불서. 신국판 / 320쪽 / 12,000원

왜 여자는 바람을 피우는가?
기젤라 룬테 지음 / 김현성 · 진정미 옮김

각계 각층의 여자들과의 인터뷰를 바탕으로 하여 여자들이 바람 피우는 이유를 진술하게 해부한 여성 탐구서. 국판 / 200쪽 / 7,000원

건   강

식초건강요법
건강식품연구회 엮음 / 신재용(해성한의원 원장) 감수

가장 쉽게 구할 수 있고 경제적인 식품이면서 상상할 수 없을 정도로 뛰어난 약효를 지닌 식초의 모든 것을 담은 건강지침서! 신국판 / 224쪽 / 6,000원

아름다운 피부미용법
이순회(한독피부미용학원 원장) 지음

피부조직에 대한 기초 이론과 우리 몸의 생리를 알려줌으로써 아름다운 피부, 젊은 피부를 오래 유지할 수 있는 비결 제시! 신국판 / 296쪽 / 6,000원

버섯건강요법
김병각 외 6명 지음

종양 억제율 100%에 가까운 96.7%를 나타내는 기적의 약용버섯 등 신비의 버섯을 통하여 암을 치료하고 비만, 당뇨, 고혈압, 동맥경화 등 각종 성인병 예방을 위한 생활 건강 지침서! 신국판 / 286쪽 / 8,000원

성인병과 암을 정복하는 유기게르마늄
이상현 편저 / 캬오 샤오 감수

최근 들어 각광을 받고 있는 새로운 치료제인 유기게르마늄을 통한 성인병, 각종 암의 치료에 대하 상세히 소개. 신국판 / 312쪽 / 9,000원

난치성 피부병
생약효소연구원 지음

현대의학으로도 치유불가능했던 난치성 피부병인 건선 · 아토피(태열)의 완치요법이 수록된 건강 지침서. 신국판 / 232쪽 / 7,500원

新 방약합편
정도명 편역

자신의 병을 알고 증세에 맞춰 스스로 처방을 할 수 있고 조제할 수 있는 보약 506가지 수록. 신국판 / 416쪽 / 15,000원

자연치료의학
오홍근(신경정신과 의학박사 · 자연의학박사) 지음

대한민국 최초의 자연의학박사가 밝힌 신비의 자연치료의학으로 자연산물을 이용하여 부작용 없이 치료하는 건강 생활 비법 공개!!

신국판 / 472쪽 / 15,000원

약초의 활용과 가정한방
이인성 지음

주변의 흔한 식물과 약초를 활용하여 각종 질병을 간편하게 예방 · 치료할 수 있는 비법제시. 신국판 / 384쪽 / 8,500원

역전의학
이시하라 유미 지음 / 유타종 감수

일반상식으로 알고 있는 건강상식에 대해 전혀 새로운 관점에서 비판하고 아울러 새로운 방법들을 제시한 건강 혁명 서적!! 신국판 / 286쪽 / 8,500원

이순희식 순수피부미용법
이순회(한독피부미용학원 원장) 지음

자신의 피부에 맞는 관리법으로 스스로 피부관리를 할 수 있는 방법을 제시하고 책 속 부록으로 천연팩 재료 사전과 피부 타입별 팩 고르기.

신국판 / 304쪽 / 7,000원

21세기 당뇨병 예방과 치료법
이현철(연세대 의대 내과 교수) 지음

세계 최초 유전자 치료법을 개발한 저자가 당뇨병과 대항하여 가장 확실하게 이길 수 있는 당뇨병에 대한 올바른 이론과 발병시 대처 방법을 상세히 수록! 신국판 / 360쪽 / 9,500원

신재용의 민의학 동의보감
신재용(해성한의원 원장) 지음

주변의 흔한 먹거리를 이용하여 신비의 명약이나 보약으로 활용할 수 있는 건강 지침서로서 저자가 TV나 라디오에서 다 밝히지 못한 한방 및 민간요법까지 상세히 수록!! 신국판 / 476쪽 / 10,000원

치매 알면 치매 이긴다
배오성(백상한방병원 원장) 지음

B.O.S.요법으로 뇌세포의 기능을 활성화시키고 엔돌핀의 분비효과를 극대화시켜 증상에 맞는 한약 처방을 병행하여 치매를 치유하는 획기적인 치유법 제시. 신국판 / 312쪽 / 10,000원

21세기 건강혁명 밥상 위의 보약 생식
최경순 지음

항암식품으로, 다이어트식으로, 젊고 탄력적인 피부를 유지할 수 있게 해주는 자연식으로의 생식을 소개하여 현대인들의 건강 길라잡이가 되도록 하였다. 신국판 / 348쪽 / 9,800원

기치유와 기공수련
윤한홍(기치유 연구회 회장) 지음

누구나 노력만 하면 개발할 수 있고 활용할 수 있는 기 수련 방법과 기치유 개발 방법 소개. 신국판 / 340쪽 / 12,000원

만병의 근원 스트레스 원인과 퇴치
김지혁(김지혁한의원 원장) 지음

만병의 근원인 스트레스를 속속들이 파헤치고 예방법까지 속시원하게 제시!! 신국판 / 324쪽 / 9,500원

김종성 박사의 뇌졸중 119
김종성 지음

우리나라 사망원인 1위. 뇌졸중 분야의 최고 권위자인 저자가 일상생활에서의 건강관리부터 환자간호에 이르기까지 뇌졸중의 예방, 치료법 등 모든 것 수록. 신국판 / 356쪽 / 12,000원

탈모 예방과 모발 클리닉
장정훈 · 전재홍 지음

미용적인 측면과 우리가 일상적으로 고민하고 궁금해 하는 털에 관한 내용들을 다양하고 재미있게 예들을 들어가면서 흥미롭게 풀어간 것이 이 책의 특징. 신국판 / 252쪽 / 8,000원

구태규의 100% 성공 다이어트
구태규 지음

하이틴 영화배우의 다이어트 체험서.
저자만의 다이어트법을 제시하면서 바람직한 다이어트에 대해서도 알려준다. 건강하게 날씬해지고 싶은 사람들을 위한 필독서!

4·6배판 변형 / 240쪽 / 9,900원

암 예방과 치료법
이춘기 지음

암환자와 가족들을 위해서 암의 치료방법에서부터 합병증의 예방 및 암이 생기기 전에 알 수 있는 방법에 이르기까지 상세하게 해설해 놓은 책.

신국판 / 296쪽 / 11,000원

알기 쉬운 위장병 예방과 치료법
민영일 지음

소화기관인 위와 관련 기관들의 여러 질환을 발병 원인, 증상, 치료법을 중심으로 알기 쉽게 해설해 놓은 건강서.   신국판 / 328쪽 / 9,900원

이온 체내혁명
노보루 야마노이 지음 / 김병관 옮김

새로운 건강관리 이론으로 주목을 받고 있는 음이온을 통해 건강을 돌볼 수 있는 방법 제시.   신국판 / 272쪽 / 9,500원

어혈과 사혈요법
정지천 지음

침과 부항요법 등을 사용하여 모든 질병을 다스릴 수 방법과 우리 주변에서 흔하게 접할 수 있는 각 질병의 상황별 처치를 혈자리 그림과 함께 해설.
신국판 / 308쪽 / 12,000원

약손 경락마사지로 건강미인 만들기
고정환 지음

경락과 민족 고유의 정신 약손을 결합시킨 약손 성형경락 마사지로 수술하지 않고도 자신이 원하는 부위를 고치는 방법을 제시하는 건강 미용서.

4×6배판 변형 / 284쪽 / 15,000원

정유정의 LOVE DIET
정유정 지음

널리 알려진 온갖 다이어트 방법으로 살을 빼려고 노력했던 저자의 고통스러웠던 다이어트 체험담이 실려 있어 지금 살 때문에 고민하는 사람들이 가슴에 와 닿는 나만의 다이어트 계획을 나름대로 세울 수 있을 것이다.

4×6배판 변형 / 196쪽 / 10,500원

머리에서 발끝까지 예뻐지는 부분다이어트
신상만·김선민 지음

한약을 먹거나 침을 맞아 살을 빼는 방법, 아로마요법을 이용한 다이어트법, 운동을 이용한 부분비만 해소법 등이 실려 있으므로 나에게 맞는 방법을 선택해 날씬하고 예쁜 몸매를 만들 수 있을 것이다.

4×6배판 변형 / 196쪽 / 11,000원

알기 쉬운 심장병 119
박승정 지음

서울아산병원 심장 내과에 있는 저자가 심장병에 관해 심장질환이 생기는 원인, 증상, 치료법을 중심으로 내용을 상세하게 해설해 놓은 건강서.

신국판 / 248쪽 / 9,000원

알기 쉬운 고혈압 119
이정균 지음

생활 속의 고혈압에 관해 일반인들이 관심을 가지고 예방할 수 있도록 고혈압의 원인, 증상, 합병증 등을 상세하게 해설해 놓은 건강서.

신국판 / 304쪽 / 10,000원

여성을 위한 부인과질환 예방과 치료
차선희 지음

남들에게는 말할 수 없는 증상들로 고민하고 있는 여성들을 위해 부인암, 골다공증, 빈혈 등 부인과질환을 원인 및 치료방법을 중심으로 설명한 여성 건강 정보서.   신국판 / 304쪽 / 10,000원

교 육

우리 교육의 창조적 백색혁명
원상기 지음

자라나는 새싹들이 기본적인 지식과 사고를 종합적·창조적으로 발전시켜 창조적인 사고능력을 배양할 수 있도록 한 교육지침서.

신국판 / 206쪽 / 6,000원

육아아이디어 263
생활컨설턴트그룹 엮음 / 한양심 옮김

세상에서 가장 예쁘고 소중한 우리 아기에게 언제나 여유로우면서도 무슨 일이든 척척 처리하는 현명한 신세대 엄마가 되기 위한 최신 육아 정보 수록!   신국판 / 318쪽 / 6,000원

현대생활과 체육
조창남 외 5명 공저

각종 현대병의 원인과 예방 및 운동요법에 대한 이론과 요즘 각광받는 골프·스키·볼링 등의 레저스포츠 총망라한 생활체육 총서.

신국판 / 340쪽 / 10,000원

퍼펙트 MBA
IAE유학네트 지음

기존의 관련 도서들과는 달리 Top MBA로 가는 길을 상세하고 완벽하게 수록. 가장 완벽하고 충실한 최신 정보 제공.   신국판 / 400쪽 / 12,000원

유학길라잡이 I -미국편
IAE유학네트 지음

미국의 교육제도 및 유학을 가기 위해서 준비해야 할 절차, 미국 현지 생활 정보, 최신 비자정보 등을 한눈에 볼 수 있는 유학길잡이.

4·6배판 / 372쪽 / 13,900원

유학길라잡이 II - 4개국편
IAE유학네트 지음

영어권 국가인 영국·캐나다·호주·뉴질랜드의 현지 정보·교육제도 및 각 국가별 학교의 특화된 교육내용 완전 수록!!
4·6배판 / 348쪽 / 13,900원

조기유학길라잡이.com
IAE유학네트 지음

영어권으로 나이 어린 자녀를 유학보내기 위해 준비중인 학부모 및 준비생
들이 반드시 읽어야 할 필독서!!
영어권 나라의 교육제도 및 학교별 데이터를 완벽하게 수록하여 유학정보
서의 질을 한 단계 상승시킨 결정판!!   4 · 6배판 / 428쪽 / 15,000원

현대인의 건강생활
박상호 외 5명 공저

현대인들의 건강한 삶을 위한 사회체육의 중요성을 강조. 건강과 체력 증
진을 위한 기본상식, 노인과 건강 등 이론과 스쿼시 · 스키 · 윈드 서핑 등
레저스포츠 등의 실기편으로 이루어진 알찬 내용 수록.

4 · 6배판 / 268쪽 / 15,000원

천재아이로 키우는 두뇌훈련
나카마츠 요시로 지음 / 민병수 옮김

머리가 좋은 아이로 키우기 위한 환경 만들기. 식사, 운동 등 연령별 두뇌
훈련법 소개. 국판 / 288쪽 / 9,500원

테마별 고사성어로 익히는 한자
김경익 지음

세글자, 네글자로 이루어진 고사성어를 통해 실용한자를 익히고 성어 속에
담긴 의미도 오늘에 맞게 재해석 해보는 한자 학습서.

4 · 6배판 변형 / 248쪽 / 9,800원

취미 · 실용

김진국과 같이 배우는 와인의 세계
김진국 지음

포도주 역사에서 분류, 원료 포도의 종류와 재배, 양조 · 숙성 · 저장, 시음
법, 어울리는 요리와 와인의 유통과 소비, 와인 시장의 현황과 전망, 와인
판매 요령, 와인의 보관과 재고의 회전, '와인 양조 비밀의 모든 것'을 동영
상으로 제작한 CD까지, 와인의 모든 것이 담긴 종합학습서.
국배판 변형양장본(올 컬러판) / 208쪽 / 30,000원

경제 · 경영

CEO가 될 수 있는 성공법칙 101가지
김승룡 편역

또 한 번의 경제위기를 겪고 있는 우리의 현실을 극복하고 일어설 수 있는
리더로서의 역할과 책임에 대한 명확한 해답을 제시해줄 것이다.

신국판 / 320쪽 / 9,500원

정보소프트
김승룡 지음

홍수처럼 쏟아지는 정보를 수집 · 분석하여 효과적으로 활용하는 방법을 총
망라한 정보 전략 완벽 가이드!!   신국판 / 324쪽 / 6,000원

기획대사전
다카하시 겐코 지음 / 홍영의 옮김

기획에 관련된 모든 사항을 실례와 도표를 통하여 초보자에서 프로기획맨
에 이르기까지 효율적으로 활용할 수 있도록 체계적으로 총망라하였다.
신국판 / 552쪽 / 19,500원

맨손창업 · 맞춤창업 BEST 74
양혜숙 지음

창업대행 현장 전문가가 추천하는 유망업종을 7가지 주제별로 나누어 수록
한 맞춤창업서로 창업예비자들에게 창업의 길을 밝혀줄 발로 뛰면서 만든
실무 지침서!!   신국판 / 416쪽 / 12,000원

무자본, 무점포 창업! FAX 한 대면 성공한다
다카시로 고시 지음 / 홍영의 옮김

완벽한 FAX 활용법을 제시하여 가장 적은 자본으로 창업하려는 예비자들
에게 큰 투자를 필요로 하지 않으면서 성공을 이끌어주는 길라잡이가 되는
실무 지침서.   신국판 / 226쪽 / 7,500원

성공하는 기업의 인간경영
중소기업 노무 연구회 편저 / 홍영의 옮김

무한경쟁시대에서 각 기업들의 다양한 경영 실태 속에서 인사 · 노무 관리
개선에 있어서 기업의 효율을 높이고 발전을 이룰 수 있는 원칙을 제시.
신국판 / 368쪽 / 11,000원

21세기 IT가 세계를 지배한다
김광희 지음

21세기 화두로 떠오른 IT혁명의 경쟁력에 대해서 전문가의 논리적이고 철
저한 해설과 더불어 매장 끝까지 실제 사례를 곁들여 설명.
신국판 / 380쪽 / 12,000원

경제기사로 부자아빠 만들기
김기태 · 신현태 · 박근수 공저

날마다 배달되는 경제기사를 꼼꼼히 챙겨보는 사람만이 현대생활에서 부자
가 될 수 있다. 언론인의 현장감각과 학자의 전문성을 접목시킨 것이 이 책
의 특성! 누구나 이 책을 읽고 경제원리를 체득, 경제예측을 할 수 있게 준
비된 생활경제서적.   신국판 / 388쪽 / 12,000원

포스트 PC의 주역 정보가전과 무선인터넷
김광희 지음

포스트 PC의 주역으로 급부상하고 있는 정보가전과 무선인터넷 그리고 이
를 구현하기 위한 관련 테크놀러지를 체계적으로 소개.
신국판 / 356쪽 / 12,000원

성공하는 사람들의 마케팅 바이블
채수명 지음

최근의 이론을 보완하여 내놓은 마케팅 관련 실무서. 마케팅의 정보전략,
핵심요소, 컨설팅실무까지 저자의 노하우와 창의적인 이론이 결합된 마케
팅서.   신국판 / 328쪽 / 12,000원

느린 비즈니스로 돌아가라
사카모토 게이이치 지음 / 정성호 옮김

미국식 스피드 경영에 익숙해져 현실의 오류를 간과하고 있는 사람들을 위한 어떻게 팔 것인가보다 무엇을 팔 것인가를 차분히 설명하는 마케팅 컨설턴트의 대안 제시서!   신국판 / 276쪽 / 9,000원

적은 돈으로 큰돈 벌 수 있는 **부동산 재테크**
이원재 지음

700만 원으로 부동산 재테크에 뛰어들어 100배 불린 저자가 부동산 재테크를 계획하고 있는 사람들이 반드시 알아두어야 할 내용을 경험담을 담아 해설해 놓은 경제서.   신국판 / 340쪽 / 12,000원

바이오혁명
이주영 지음

21세기 국가간 경쟁부문으로 새로이 떠오르고 있는 바이오혁명에 관한 기초지식을 언론사에 몸담고 있는 현직 기자가 아주 쉽게 해설해 놓은 바이오 가이드서. 바이오 관련 용어 해설 수록.   신국판 / 328쪽 / 12,000원

두뇌혁명
나카마츠 요시로 지음 / 민병수 옮김

『뇌내혁명』 하루야마 시게오의 추천작!!
어른들을 위한 두뇌 개발서로, 풍요로운 인생을 만들기 위한 '뇌' 와 '몸' 자극법 제시.   4 · 6판 양장본 / 288쪽 / 12,000원

성공하는 사람들의 **자기혁신 경영기술**
채수명 지음

자기 계발을 통한 신지식 자기경영마인드를 갖추어야 한다는 전제 아래 그 방법을 자세하게 알려주는 자기계발 지침서.   신국판 / 344쪽 / 12,000원

CFO
교텐 토요오 · 타하라 오키시 지음 / 민병수 옮김

일반인들에게 생소한 용어인 CFO. 세계화에 발맞추어 기업이 경쟁력을 갖추려면 CFO, 즉 최고 재무책임자의 역할이 지금까지와는 완전히 달라져야 한다. 이에 기업을 이끌어가는 새로운 키잡이로서의 CFO의 역할, 위상 등을 일본의 기업을 중심으로 하여 알아보고 바람직한 방향을 제시한다.
신국판 / 312쪽 / 12,000원

네트워크시대 네트워크마케팅
임동학 지음

학력, 사회적 지위 등에 관계 없이 자신이 노력한 만큼 돈을 벌 수 있는 네트워크마케팅에 관해 알려주는 안내서.   신국판 / 376쪽 /12,000원

성공리더의 7가지 조건
다이앤 트레이시 · 윌리엄 모건 지음 / 지창영 옮김

개인과 팀, 조직관계의 개선을 위한 방향제시 및 실천을 위한 안내자 역할을 해주는 책. 현장에서 활용할 수 있는 실용서.
신국판 / 360쪽 / 13,000원

김종결의 성공창업
김종결 지음

누구나 창업을 할 수는 있지만 아무나 돈을 버는 것은 아니다라는 전제 아래 중견 연기자로서, 음식점 사장님으로 성공한 탤런트 김종결의 성공비결을 통해 창업전략과 성공전략을 제시한다.   신국판 / 340쪽 / 12,000원

주 식

개미군단 대박맞이 주식투자
홍성걸(한양증권 투자분석팀 팀장) 지음

초보에서 인터넷을 활용한 주식투자까지 필자의 현장에서의 경험을 바탕으로 한 주식 성공전략의 모든 정보 수록.   신국판 / 310쪽 / 9,500원

알고 하자! **돈 되는 주식투자**
이길영 외 2명 공저

일본과 미국의 주식시장을 철저한 분석과 데이터화를 통해 한국 주식시장의 투자의 흐름을 파악함으로써 한국 주식시장에서의 확실한 성공전략 제시!!   신국판 / 388쪽 / 12,500원

항상 당하기만 하는 개미들의 매도 · 매수타이밍 **999% 적중 노하우**
강경무 지음

승부사를 꿈꾸며 와신상담하는 모든 이들에게 희망의 등불이 될 것을 확신하는 Jusicman이 주식시장에서 돈벌고 성공할 수 있는 비결 전격공개!!
신국판 / 336쪽 / 12,000원

부자 만들기 주식성공클리닉
이창희 지음

저자의 경험담을 섞어서 주식이란 무엇인가를 풀어서 써놓은 주식입문서. 초보자와 자신을 성찰해볼 기회를 가지려는 기존의 투자자를 위해 태어났다.   신국판 / 372쪽 / 11,500원

선물 · 옵션 이론과 실전매매
이창희 지음

선물과 옵션시장에서 일반인들이 실패하는 원인을 분석하고, 반드시 지켜야 할 투자원칙에 따라 유형별로 실전 매매 테크닉을 터득함으로써 투자를 성공적으로 할 수 있게 한 지침서!!   신국판 / 372쪽 / 12,000원

너무나 쉬워 재미있는 주가차트
홍성무 지음

주식시장에서는 차트 분석을 통해 주가를 예측하는 투자자만이 주식투자에서 성공하므로 차트에서 급소를 신속, 정확하게 뽑아내 매매타이밍을 잡는 방법을 알려주는 주식투자 지침서.   4 · 6배판 / 216쪽 / 15,000원

역 학

역리종합 **만세력**
정도명 편저

현존하는 만세력 중 최장 기간을 수록하였으며 누구나 이 책을 보고 자신의 사주를 쉽게 찾아보고 맞춰 볼 수 있게 하였다.   신국판 / 532쪽 / 10,500원

작명대전
정보국 지음

독자들 스스로 작명할 수 있도록 한글 소리 발음에 입각한 작명의 원리를 밝힌

길라잡이서.   신국판 / 460쪽 / 12,000원

하락이수 해설
이천교 편저

점서학인 하락이수를 직역으로 풀어 놓아 원작자의 깊은 뜻을 원형 그대로 전달하고 원문을 공부하려는 사람들에게 도움이 되는 해설서이다.

신국판 / 620쪽 / 27,000원

현대인의 창조적 관상과 수상
백운산 지음

관상학을 터득하여 적절혀 운명에 대처해 나감으로써 어느 분야에서든지 성공적인 삶을 누릴 수 있는 비법을 전해줄 것이다.   신국판 / 344쪽 / 9,000원

대운용신영부적
정재원 지음

수많은 역사와 신비로운 역험을 지닌 1,000여 종의 부적과 저자가 수십 년간 연구 · 개발한 200여 종의 부적들을 집대성한 국내 최대의 영부적이다.
신국판 양장본 / 750쪽 / 39,000원

사주비결활용법
이세진 지음

컴퓨터와 역학의 만남!! 운명의 숨겨진 비밀을 꿰뚫어 보는 신녹현사주 방정식의 모든 것을 수록.   신국판 / 392쪽 / 12,000원

컴퓨터세대를 위한 新 성명학대전
박용찬 지음

이름 속에 운명을 바꾸는 치결이 있다. 태어난 아기 이름은 물론 개명 · 상호 · 아호 짓는 법까지 사람이 살아가면서 필요한 모든 이름 짓기가 총망라되어 각자의 개성과 사주어 맞게 이름을 짓는 작명비법을 수록.

신국판 / 388쪽 / 11,000원

길흥화복 꿈풀이 비법
백운산 지음

길몽과 흉몽을 구분하여 그림과 함께 보기 쉽게 엮었으며, 특히 요즘 신세대 엄마들에게 관심이 많은 태몽이 여러 가지로 자세하게 풀이되어 있다.
신국판 / 410쪽 / 12,000원

새천년 작명컨설팅
정재원 지음

혼자 배워야 하는 독자들도 정말 이해하기 쉽도록 구성된 신세대 부모를 위한 쉽고 좋은 아기 이름만들기의 결정판.   신국판 / 470쪽 / 13,000원

백운산의 신세대 궁합
백운산 지음

남녀궁합 보는 법뿐만 아니라 인간관계, 출세, 재물, 자손문제, 건강문제, 성격, 길흉관계 등을 미리 규명할 수 있도록 쉽게 풀어놓았다.

신국판 / 304쪽 / 9,500원

동자삼 작명학
남시모 지음

최초의 한글 성명학으로 한글의 독창성 · 우수성 · 과학성을 운명철학 차원에서 검증한, 한국사람에게 알맞은 건물명 · 상호 · 물건명 등의 이름을 자신에게 맞는 한글이름으로 지을 수 있는 작명비법을 제시한다.

신국판 / 496쪽 / 15,000원

구성학의 기초
문길여 지음

방위학의 모든 것을 통하여 개인의 일생운 · 결혼운 · 사고운 · 가정운 · 부부운 · 자식운 · 출세운을 성공적으로 이끄는 비법 공개.
신국판 / 412쪽 / 12,000원

여성을 위한 성범죄 법률상식
조명원(변호사) 지음

성희롱에서 성폭력범죄까지 여성이었기 때문에 특히 말 못하고 당해야만 했던 이 땅의 여성들을 위한 성범죄 법률상식서. 사례별 법적 대응방법 제시.   신국판 / 248쪽 / 8,000원

아파트 난방비 75% 절감방법
고영근 지음

예비역 공군소장이 잘못 부과된 아파트 난방비를 최고 75%까지 줄일 수 있는 방법을 구체적인 법적 근거를 토대로 작성한 아파트 난방비 절감방법 제시.   신국판 / 238쪽 / 8,000원

일반인이 꼭 알아야 할 절세전략 173선
최성호(공인회계사) 지음

세법을 제대로 알면 돈이 보인다.
현직 공인중계사가 알려주는 합법적으로 세금을 덜 내고 돈을 버는 절세전략의 모든 것!   신국판 / 392쪽 / 12,000원

변호사와 함께하는 부동산 경매
최환주(변호사) 지음

새 상가건물임대차보호법에 따른 권리분석과 채무자나 세입자의 권리방어 기법은 제시한다. 또한 새 민사집행법에 따른 각 사례별 해설도 수록.

신국판 / 404쪽 / 13,000원

혼자서 쉽고 빠르게 할 수 있는 소액재판
김재용 · 김종철 공저

나홀로 소액재판을 할 수 있도록 소장작성에서 판결까지의 실제 재판과정을 상세하게 수록하여 이 책 한 권이면 모든 것을 완벽하게 해결할 수 있다.
신국판 / 312쪽 / 9,500원

"술 한 잔 사겠다"는 말에서 찾아보는 채권 · 채무
변환철 지음

일반인들이 꼭 알아야 할 채권 · 채무에 관한 법률 사항을 빠짐없이 수록.
신국판 / 408쪽 / 13,000원

알기쉬운 부동산 세무 길라잡이
이건우 지음

부동산에 관련된 모든 세금을 알기 쉽게 단계별로 해설. 합리적이고 탈세가 아닌 적법한 절세법 제시.   신국판 / 400쪽 / 13,000원

알기쉬운 어음, 수표 길라잡이
변환철(변호사) 지음

어음, 수표의 발행에서부터 도난 또는 분실한 경우의 공시최고와 제권판결에 이르기까지 어음, 수표 관련 법률사항을 쉽고도 상세하게 압축해 놓은 생활법률서.   신국판 / 328쪽 / 11,000원

제조물책임법
강동근 · 윤종성 공저

제품의 설계, 제조, 표시상의 결함으로 소비자가 피해를 입었을 때 제조업자가 배상책임을 져야 하는 제조물책임 시대를 맞아 제조업자가 갖춰야 할 법률적 지식을 조목조목 설명해 놓은 법률서.   신국판 / 368쪽 / 13,000원

생활법률

부동산 생활법률의 기본지식
대한법률연구회 지음 / 김원중 감수

부동산관련 기초지식과 분쟁해결을 위한 노하우, 테크닉을 제 시하고 권두특집으로 주택건설종합계획과 부동산 관련 정부주요 시책을 소개하였다.
신국판 / 480쪽 / 12,000원

고소장 · 내용증명 생활법률의 기본지식
하태웅 지음

스스로 고소 · 고발장을 작성할 수 있도록 예문과 서식을 함께 소개. 또 민사소송에 대해서도 자세하게 설명.   신국판 / 440쪽 / 12,000원

노동 관련 생활법률의 기본지식
남동회 지음

4만 여 건 이상의 무료 상담을 계속하고 있는 저자의 상담 사례를 통해 문답식으로 풀어나가는 노동 관련 생활법률 해설의 최신 결정판.

신국판 / 528쪽 / 14,000원

외국인 근로자 생활법률의 기본지식
남동회 지음

외국인 연수협력단의 자문위원으로 오랜 시간 실무를 접했던 저자의 경험을 바탕으로 외국인 근로자의 체류자격 및 취업자격 등 법적 문제와 법률적 지위를 상세하게 다루었다.   신국판 / 400쪽 / 12,000원

계약작성 생활법률의 기본지식
이상도 지음

국민생활과 직결된 계약법의 기초를 이루는 핵심 기본지식을 간단명료한 해설 및 관련 계약서 작성 예문과 함께 제시.   신국판 / 560쪽 / 14,500원

지적재산 생활법률의 기본지식
이상도 · 조의제 공저

현대 산업사회에서 중요시되고 있는 특허, 실용신안, 의장, 상표, 저작권, 컴퓨터프로그램저작권 등 지적재산의 모든 것을 체계화하여 한 권으로 요약하였다.   신국판 / 496쪽 / 14,000원

부당노동행위와 부당해고 생활법률의 기본지식
박영수 지음

노사관계 핵심사항인 부당노동행위와 정리해고 · 징계해고를 중심으로 간단 명료한 해설과 더불어 대법원 판례, 노동위원회에 의한 구제절차, 소송절차 및 노동부 업무처리지침을 소개.   신국판 / 432쪽 / 14,000원

주택 · 상가임대차 생활법률의 기본지식
김운용 지음

전세입자들이 보증금 반환소송이나 민사소송, 경매절차까지의 기본적인 흐름을 알 수 있도록 인터넷을 통한 실제 법률 상담을 전격 수록.
신국판 / 480쪽 / 14,000원

하도급거래 생활법률의 기본지식
김진홍 지음

경제적 약자인 하도급업자를 위하여 하도급거래 관련 필수적인 법률사안들을 쉽게 해설함과 동시에 실무에 필요한 12가지 하도급표준계약서를 소개.
신국판 / 440쪽 / 14,000원

이혼소송과 재산분할 생활법률의 기본지식
박동섭 지음

이혼과 관련하여 해결해야 할 법률문제들을 저자의 실무경험을 바탕으로 명쾌하게 해설하였다. 아울러 약혼이나 사실혼파기로 인한 위자료문제도 함께 다루어 가정문제로 고민하는 사람들에게 길잡이가 되도록 하였다.
신국판 / 460쪽 / 14,000원

부동산등기 생활법률의 기본지식
정상태 지음

등기를 하지 않으면 어떤 위험이 따르고, 등기를 하면 어떤 효력이 생기는가! 등기신청은 어떻게 하며, 필요한 서류는 무엇이고, 등기종류에는 어떤 것들이 있는가 등 부동산등기 전반에 걸쳐 일반인이 꼭 알아야 할 법률상식을 간추려 간단, 명료하게 해설하였다.   신국판 / 456쪽 / 14,000원

기업경영 생활법률의 기본지식
안동섭 지음

사업을 구상하고 있는 사람이나 현재 경영하고 있는 사람 및 관리실무자에게 필요한 법률을 체계적으로 알려주고 관련 법률서식과 서식작성 예문도 함께 소개.   신국판 / 466쪽 / 14,000원

교통사고 생활법률의 기본지식
박정무 · 전병찬 공저

교통사고 당사자가 쉽게 응용할 수 있도록 단계별 해결책을 제시함과 동시에 사고유형별 Q&A를 통하여 상세한 법률자문 역할을 하였다.
신국판 / 480쪽 / 14,000원

소송서식 생활법률의 기본지식
김대환 지음

일상생활과 밀접한 소송서식을 중심으로 소장작성부터 판결을 받을 때까지 그 서식작성요령을 서식마다 항목별로 자세하게 설명하였다.
신국판 / 480쪽 / 14,000원

호적 · 가사소송 생활법률의 기본지식
정주수 지음

개명, 성 · 본 창설, 취적절차 및 법원의 허가 및 판결에 의한 호적정정절차, 친권 · 후견절차, 실종선고 · 부재선고절차에 상세한 해설과 함께 신고서식 작성요령과 구비할 서류 및 재판절차에 대하여 자세히 설명.

신국판 / 516쪽 / 14,000원

상속과 세금 생활법률의 기본지식
박동섭 지음

상속재산분할, 상속회복청구, 유류분반환청구, 상속세부과처분취소 등 상속관련 사건들을 해결하는 데 도움이 되도록 상속법과 상속세법을 상세하게 함께 수록. 신국판 / 480쪽 / 14,000원

담보 · 보증 생활법률의 기본지식
류창호 지음

살아가다 보면 담보를 제공하거나 보증을 서는 일이 비일비재하다. 이렇게 담보를 제공하거나 보증을 섰는데 문제가 생겼을 때의 해결방법을 법조항 설명과 함께 실례를 실어 달아 본다. 신국판 / 436쪽 / 14,000원

소비자보호 생활법률의 기본지식
김성천 지음

소비자의 권리 실현 보장 관련 법률 및 소비자 파산 문제를 상세한 해설 · 관리와 함께 모두 수록. 신국판 / 504쪽 / 15,000원

처 세

성공적인 삶을 추구하는 여성들에게 우먼파워
조안 커너 · 모이라 레이너 공저 / 지창영 옮김

사회의 여성을 향한 냉대와 편견의 벽을 깨뜨리고 성공적인 삶을 이루려는 여성들이 갖추어야 할 자서 및 삶의 이정표 제시!! 신국판 / 352쪽 / 8,800원

聽 이익이 되는 말 話 손해가 되는 말
우머시마 미요 지음 / 정성호 옮김

직장이나 집안에서 언제나 주고받는 일상의 화제를 모아 실음으로써 대화의 참의미를 깨닫고 비즈니스를 성공적으로 이끌기 위한 대화술을 키우는 방법 제시!! 신국판 / 304쪽 / 9,000원

성공하는 사람들의 화술테크닉
민영욱 지음

개인간의 사적인 대화에서부터 대중을 위한 공적인 강연에 이르기까지 어떻게 말하고 어떻게 스피치를 할 것인가에 관한 지침서.
신국판 / 320쪽 / 9,500원

부자들의 생활습관 가난한 사람들의 생활습관
다케우치 야스오 지음 / 홍영의 옮김

경제학의 발상을 기본으로 하여 사람들이 살아가면서 생활에서 생각해 볼 수 있는 이익을 보는 생활습관과 손해를 보는 생활습관을 수록, 독자 자신에게 맞는 생활습관의 기본 전략을 설계할 수 있도록 제시.
신국판 / 320쪽 / 9,800원

코끼리 귀를 당긴 원숭이-히딩크식 창의력을 배우자
강충인 지음

코끼리와 원숭이의 우화를 히딩크의 창조적 경영기법과 리더십에 대비하여 자기혁신, 기업혁신을 꾀하는 창의력 개발법을 제시.
신국판 / 208쪽 / 8,500원

성공하려면 유머와 위트로 무장하라
민영욱 지음

21세기에 들어 새로운 추세를 형성하고 있는 말 잘하기. 이러한 추세에 맞추어 현재 스피치 강사로 활약하고 있는 저자가 말을 잘하는 방법과 유머와 위트를 만들고 즐기는 방법을 제시한다. 신국판 / 292쪽 / 9,500원

등소평의 오뚝이전략
조창남 편저

중국 역사상 정치 · 경제 · 학문 등의 분야에서 최고 위치에 오른 리더들의 인재활용, 상황 극복법 등 처세 전략 · 전술을 통해 이 시대의 성공인으로 자리매김하는 해법 제시. 신국판 / 304쪽 / 9,500원

노무현 화술과 화법을 통한 이미지 변화
이현정 지음

현재 불교방송에서 활동하고 있는 이현정 아나운서의 화술 길라잡이서. 노무현 대통령의 독특한 화술과 화법을 통해 리더로서, 성공인으로서 갖추어야 할 화술 화법을 배우는 화술 실용서. 신국판 / 320쪽 / 10,000원

성공하는 사람들의 토론의 법칙
민영욱 지음

다양한 사람들의 다양한 욕구를 하나로 응집시키는 수단으로 등장하고 있는 토론에 관해 간단하고 쉽게 제시한 토론 길라잡이서.
신국판 / 280쪽 / 9,500원

명 상

명상으로 얻는 깨달음
달라이 라마 지음 / 지창영 옮김

티베트의 정신적 지도자이자 실질적 지도자인 달라이 라마의 수많은 가르침 가운데 현대인에게 필요해지고 있는 인내에 대한 이야기.
국판 / 320쪽 / 9,000원

어 학

2진법 영어
이상도 지음

2진법 영어의 비결을 통해서 기존 영어학습 방법의 단점을 말끔히 해소시켜 주는 최초로 공개되는 고효율 영어학습 방법. 적은 시간을 투자하여 영어의 모든 것을 획기적으로 향상시킬 수 있는 비법을 제시한다.

4 · 6배판 변형 / 328쪽 / 13,000원

한 방으로 끝내는 영어
고제윤 지음

일상생활에서의 이야기를 바탕으로 하는 영어강의로 영어문법은 재미없고

지루하다고 생각하는 이 땅의 모든 사람들의 상식을 깨면서 학습 효과를 높이기 위한 공부방법을 제시하는 새로운 영어학습서.

신국판 / 316쪽 / 9,800원

한 방으로 끝내는 영단어

김승엽 지음 / 김수경 · 카렌다 감수

일상생활에서 우리가 무심코 던지는 영어 한마디가 당신의 영어수준을 드러낸다는 사실을 깨닫게 하는 영어 실용서. 풍부한 예문을 통해 참영어를 배우겠다는 사람, 무역업이나 관광 안내업에 종사하는 사람, 영어권 나라로 이민을 가려는 사람들에게 많은 도움을 줄 것이다.

4 · 6배판 변형 / 236쪽 / 9,800원

해도해도 안 되던 영어회화 하루에 30분씩 90일이면 끝낸다

Carrot Korea 편집부 지음

온라인과 오프라인을 넘나들면서 영어학습자들의 각광을 받고 있는 린다의 현지 생활 영어 수록. 교과서에서 배울 수 없었던 생생한 실생활 영어를 90일 학습으로 모두 끝낼 수 있다.   4 · 6배판 변형 / 260쪽 / 15,000원

바로 활용할 수 있는 기초생활영어

김수경 지음

다양한 상황에 대처할 수 있도록 인사나 감정 표현, 전화나 교통, 장소 및 기타 여러 사항에 관한 기초생활영어를 총망라.

신국판 / 240쪽 / 10,000원

바로 활용할 수 있는 비즈니스영어

김수경 지음

해외 출장시, 외국의 바이어 접견시 기본적으로 사용할 수 있는 상황별 센텐스를 수록하여 해외 출장 준비 및 외국 바이어 접견을 완벽하게 끝낼 수 있게 했다.   신국판 / 252쪽 / 10,000원

생존영어55

홍일록 지음

살아 있는 영어를 익힐 수 있는 기회 제공. 반드시 알아야 할 핵심 센텐스를 저자가 미국 현지에서 겪었던 황당한 사건들과 함께 수록, 재미도 느낄 수 있다.   신국판 / 224쪽 / 8,500원

레포츠

퍼팅 메커닉

이근택 지음

감각에 의존하는 기존 방식의 퍼팅은 이제 그만!!
저자 특유의 과학적 이론을 신체근육 운동학에 접목시켜 몸의 무리를 최소한으로 덜고 최대한의 정확성과 거리감을 갖게 하는 새로운 퍼팅 메커닉 북.   4 · 6배판 변형 / 192쪽 / 18,000원

아마골프 가이드

정영호 지음

골프를 처음 시작하는 모든 아마추어 골퍼를 위해 보다 쉽고 빠르게 이해할 수 있도록 내용이 구성된 아마골프 레슨 프로그램서.

4 · 6배판 변형 / 216쪽 / 12,000원

인라인스케이팅 100%즐기기

임미숙 지음

레저 문화에 새로운 강자로 자리매김하고 있는 인라인 스케이팅을 안전하고 재미있게 즐길 수 있도록 알려주는 인라인 스케이팅 지침서. 각단계별 동작을 한눈에 알아볼 수 있도록 세부 동작별 일러스트 수록.

4 · 6배판 변형 / 172쪽 / 11,000원

배스낚시 테크닉

이종건 지음

현재 한국배스스쿨에서 강사로 활약하고 있는 아마추어 배스 낚시꾼이 중급 수준의 배스 낚시꾼들이 자신의 실력을 한 단계 업그레이드 시킬 수 있도록 루어의 활용, 응용법 등을 상세하게 해설.

4 · 6배판 변형 / 440쪽 / 20,000원

나도 디지털 전문가 될 수 있다!!!

이승훈 지음

깜찍한 디자인과 간편하게 휴대할 수 있다는 장점 때문에 새로운 생활필수품으로 자리를 잡아가고 있는 디카 · 디캠을 짧은 시간 안에 쉽게 배울 수 있도록 해놓은 초보자를 위한 디카 · 디캠 길라잡이서.

4 · 6배판 / 320쪽 / 19,200원

스포츠

수열이의 브라질 축구 탐방 삼바 축구, 그들은 강하다

이수열 지음

축구에 대한 관심만으로 각 나라의 축구팀, 특히 브라질 축구팀에 애정을 가지고 브라질 축구팀의 전력 및 각 선수들의 장단점을 나름대로 분석하고 연구하여 자신의 의견을 피력하고 있는 축구 길라잡이서.

신국판 / 280쪽 / 8,500원

마라톤, 그 아름다운 도전을 향하여

빌 로저스 · 프리실라 웰치 · 조 헨더슨 공저 / 오인환 감수 / 지창영 옮김

마라톤에 입문하고자 하는 초보 주자들을 위한 마라톤 가이드서. 올바르게 달리는 법, 음식 조절법, 달리기 전 준비운동, 주자에게 맞는 프로그램 짜기, 부상 예방법을 상세하게 설명하고 있다.   4 · 6배판 / 320쪽 / 15,000원

生생 **공부비법**

2003년 8월 25일 제1판 1쇄 발행
2004년 7월 20일 제1판 3쇄 발행

지은이/이은승
펴낸이/강선희
펴낸곳/가림출판사

등록/1992. 10. 6. 제4-191호
주소/서울시 광진구 구의동 57-71 부원빌딩 4층
대표전화/458-6451   팩스/458-6450
홈페이지 http://www.galim.co.kr
e-mail   galim@galim.co.kr

값 9,500원

ⓒ 이은승, 2003

저자와의 협의하에 인지를 생략합니다.
무단 복제 · 전재를 절대 금합니다.

ISBN 89-7895-143-0 03370

가림출판사 · 가림M&B · 가림Let's의 홈페이지(http://www.galim.co.kr)에 들어오시면 가림출판사 · 가림M&B · 가림Let's의 신간도서 및 출간 예정 도서를 포함한 모든 책들을 만나실 수 있습니다.
온라인 서점을 통하여 직접 도서 구입도 하실 수 있으며 가림 홈페이지 내에서 전국 대형 서점들의 사이트에 링크하시어 종합 신간 안내 및 각종 도서 정보, 책과 관련된 문화 정보를 받아보실 수 있습니다.
또한 홈페이지 방문시 회원으로 가입하시면 신간 안내 자료를 보내드립니다.